EINTÖPFE - WOKGERICHTE - SALATE - PASTA - AUFLÄUFE - BURGER & MEHR

ALLES VEGETARISCH

Das Buch

Mehr als 100 Rezepte, die garantiert satt machen

Man nehme

... einfach alles, was an Gemüse gerade Saison hat und frisch aus der Region kommt. Dazu tolle Gewürze und aromatische Kräuter – schon kommt gesunde Vielfalt auf den Tisch! Und der Clou: Die Zubereitung ist ganz einfach und macht großen Spaß.

EIN KOCHBUCH FÜR ALLE

Vegetarisch zu kochen und zu essen ist nicht nur super einfach, sondern vor allem total lecker. Keine Zutat ist so vielseitig wie Gemüse. Es gibt unendlich viele Sorten und Formen, unzählige Geschmacksvarianten und Gewürzkombinationen, die uns zum Schwärmen bringen. Dieses Buch ist jedoch nicht nur etwas für überzeugte Vegetarier, sondern auch für alle, die einfach mal in die Veggie-Küche hineinschnuppern wollen. Aber Achtung: Die Rezepte in diesem Buch haben das Zeug zum neuen Lieblingsessen.

Darum Vorhang auf für unsere grünen Stars: Hier kommen über 100 Rezepte für die kleine Mahlzeit oder das große Essen mit der ganzen Familie und den besten Freunden. Entdecken Sie herzhafte Suppen und Eintöpfe, Leckeres aus Wok und Pfanne, knackige Salate, tolle Nudelgerichte, Köstliches aus dem Ofen und großartiges Fingerfood.

Wer es eilig hat, wird überrascht sein, wie viele Rezepte in weniger als 30 Minuten fertig sind. Außerdem gibt es direkt bei den Rezepten jede Menge Anleitungen, Tipps und Varianten, damit es garantiert schmeckt und gelingt. Ein besonderes Extra ist das Kapitel „Glamour fürs Gemüse". Hier finden Sie alles, um die Rezepte zusätzlich mit Dips, Dressings, Bröseln und Croûtons zu pimpen.

Wir sind uns sicher, dass dieses Buch Sie überzeugen wird. Warum? Weil in unserer Versuchsküche nicht nur begeisterte Veggies, sondern auch kritische Fleischliebhaber jedes Rezept getestet haben. Und was sollen wir sagen? So manch einer ist zur grünen Seite gewechselt – kein Wunder bei dem Geschmack!

Also, worauf warten Sie noch? Nichts wie ran ans Gemüse!

Viel Spaß beim Kochen!

Rezeptideen per Video

Ein kurzer Clip sagt manchmal mehr als 1.000 Worte. Erst recht, wenn es ums Kochen geht. Deshalb gibt's im Buch viele Links zu Genussmomente-Videos auf edeka.de und zu Videos von „yumtamtam" powered by EDEKA mit weiteren Rezeptideen.

Jede Menge Know-how, Tipps und Tricks:

GENUSS-MOMENTE

edeka.de/rezepte

Drei Experten am Herd
Julia, Kev und Iskander sind echte Profis, wenn es ums Kochen geht. Dass sie dabei jede Menge Spaß haben, kann jeder sehen, der ihre Genussmomente-Videos auf **edeka.de/rezepte** anklickt. Lust auf noch mehr vegetarische Rezepte und viel gute Laune machen die Links zu ihren besten vegetarischen Rezepten direkt hier im Buch.

Hier geht's richtig rund
Melissa, Felicitas und Felix bilden das Team von yumtamtam, dem Koch-Kanal powered by EDEKA auf YouTube. In ihren Videos auf **youtube.com/yumtamtam** präsentieren sie einfache und hammerleckere Rezepte. Für dieses Buch haben sie uns ihre ultimativen vegetarischen Lieblinge verraten. Die Links zu den Videos stehen direkt in den jeweiligen Kapiteln bei den Rezepten.

YUM TAM TAM

Die ultimative Koch-WG schwingt hier die Kochlöffel:

YUMTAMTAM

youtube.com/yumtamtam

Auf einen Blick

An diesen Symbolen direkt unter den Rezepten erkennen Sie, was nicht drinsteckt, wie Sie mit wenig Aufwand noch mehr daraus machen können und für welchen Anlass sie sonst noch geeignet sind.

Glutenfrei
In Rezepten mit diesem Symbol werden keine glutenhaltigen Zutaten verwendet.

Laktosefrei
Dieses Symbol verrät, dass keine Milch oder Milchprodukte verwendet werden, die den Milchzucker Laktose enthalten.

Vegan/Mach's vegan
Diese Rezepte sind vegan oder werden es ruckzuck durch den Austausch von maximal ein oder zwei Zutaten.

Gut zum Mitnehmen
Rezepte mit diesem Zeichen lassen sich sehr gut vorbereiten und in Frischeboxen verpackt z. B. mit ins Büro nehmen und dort noch mal erwärmen.

Für Gäste
Alle unsere Rezepte sind für 4 Portionen. Rezepte mit diesem Symbol sind in der doppelten Menge für Gäste super geeignet.

25

Schnelle Küche
Alle Rezepte, die in 30 Minuten oder sogar schneller auf dem Tisch stehen, sind an diesem Symbol zu erkennen, das die Zeit angibt.

Infos zu den Rezepten

Hier finden Sie Hinweise zu Nährwerten, viele Tipps und Tricks zur Zubereitung sowie zu einer Extraportion Glamour auf dem Teller.

Zubereitung ca. 35 Minuten
Pro Portion ca. 878 kcal, 29 g E, 74 g F, 14 g KH

Gut zu wissen
Unter jedem Rezept nennen wir die Zubereitungszeit, den Brennwert (kcal) und den Gehalt an Eiweiß (E), Fett (F) und Kohlenhydraten (KH).

NOCH MEHR ABWECHSLUNG UND KNOW-HOW

Unter zahlreichen Rezepten gibt es weitere Tipps und Tricks zur Zubereitung sowie viele Ideen, mit denen Sie Ihre neuen Lieblingsrezepte je nach Geschmack und passend zur Saison immer wieder variieren können.

Dieser Pfeil auf den Rezeptfotos leitet Sie zu unseren Dips, Dressings, Bröseln, Croûtons und Nussmischungen aus dem letzten Kapitel, die jedem Rezept noch ein zusätzliches Extra verpassen.

INHALT

Super Saisonhelden

Am besten schmecken Brokkoli, Salatgurke, Lauchzwiebeln und Co., wenn sie Saison haben. Für die optimale Frische sorgt ein möglichst kurzer Lieferweg. Einmal eingekauft, halten sie sich gut im Gemüsefach des Kühlschranks. Und wer sich für Kräuter im Topf entscheidet, hat länger was von den Aromakünstlern.

So geht vegetarisch

AN DAS GRÜNZEUG, FERTIG, LOS!

Nur keine Panik, vegetarisches Kochen ist eine ganz einfache Sache. Alles, was man braucht, findet sich in der Gemüseabteilung des Supermarkts, im Kühlschrank und der Vorratskammer. Neben dem frischen Grün empfiehlt sich eine Auswahl an Basics, die man immer zuhause haben sollte, um leckere Quiches, tolle Pasta, Eintöpfe oder Salate zu zaubern.

Schnell startklar

UNSERE GRUND-ZUTATEN

Zartes Gemüse sucht starke Partner: Richtig kombiniert, starten Getreide, Hülsenfrüchte und Milchprodukte mit Auberginen, Tomaten und Co. eine intensive Liebesbeziehung.

NUDELN
Teigwaren mit oder ohne Ei? Bei EDEKA gibt's eine große Auswahl an Hartweizennudeln – auch aus leckerem, nussigem Vollkorn!

REIS

BULGUR

RISOTTOREIS
Bissfest trotz sämiger Konsistenz – der vielseitige Italiener liebt die Abwechslung.

QUINOA
Das „Gold der Inkas" ist der eiweißreiche Liebling aller Veggie-Fans.

Getreide & Teigwaren

Amaranth, Bulgur, Couscous: Das ABC der Sorten ist lang und ebenso vielseitig. Sie bringen nicht nur Abwechslung auf den Gemüseteller, sondern sättigen dank ihres hohen Gehaltes an Kohlenhydraten auch gut.

Tofu & Seitan

Die unangefochtenen Champions der fleischlosen Kochkunst: Seitan (aus Weizeneiweiß) stammt aus der japanischen Küche. Tofu (aus Sojaquark) hat seinen Ursprung in der chinesischen Küche.

SEITAN

TOFU NATUR
Er ist eher geschmacksneutral und lässt sich daher sehr gut marinieren.

TOFU GERÄUCHERT

Hülsenfrüchte

Vielseitig und lange haltbar: Getrocknete Hülsenfrüchte und Konserven wie Bohnen, Linsen, Erbsen oder Kichererbsen sind wertvolle Quellen für pflanzliches Eiweiß und damit die Stars in der vegetarischen Küche.

ROTE LINSEN
Mild im Geschmack sind sie super für Suppen und Currys.

ERBSEN

BERGLINSEN

KIDNEYBOHNEN
Feste Schale, weiche Konsistenz und ein nussiger Geschmack.

KICHERERBSEN
Beliebt in der orientalischen Küche, toll in Suppen, Eintöpfen und im Salat.

Nüsse & Co.

Geröstet oder pur: Zur Verfeinerung vegetarischer Gerichte laufen Nüsse oder Sesamsamen zur Hochform auf. Sie liefern wertvolle Öle, viel Geschmack und das knusprige Extra auf vielen Gerichten.

SESAM

ERDNÜSSE

HASELNÜSSE

CASHEWKERNE

WALNUSSKERNE

Kräuter

Am besten schmecken sie frisch, denn dann sind noch alle ätherischen Öle enthalten. Durch das Hacken kurz vor dem Servieren werden die Aromastoffe freigesetzt.

Öle & Fette

Sie sind Aromaträger und Nährstofflieferant in einem. Neben dem besonders in der mediterranen Küche beliebten Olivenöl gibt es eine ganze Reihe weiterer Ölspezialitäten.

PAPRIKA
Das getrocknete Pulver der Schoten gibt es in der milden Variante als „edelsüß“ oder scharf als „Rosenpaprika“.

CHILIFLOCKEN
Die getrockneten und grob gemahlenen Schoten der Chili geben Gewürzmischungen, Marinaden, Suppen und Currys die richtige Schärfe und sind eine super Alternative, wenn gerade keine frische Chili greifbar ist.

KURKUMA
Gehört zur Familie der Ingwergewächse und stammt aus der asiatischen Küche. Es verleiht Gerichten eine tolle Farbe.

CUMIN/KREUZKÜMMEL
Das Aroma des „römischen Kümmels“ ist der typische, verführerische Duft frischer Falafeln. Es passt hervorragend zu Hülsenfrüchten und Couscous sowie zu vielen Gemüsesorten.

Gewürze

Gaumenschmeichler, Appetitanreger, Verdauungshelfer – die Liste ihrer Verdienste ist lang. Am besten werden sie frisch gemahlen, gestoßen und gemörsert, damit sie ihr volles Aroma einbringen können.

OLIVENÖL
Je nach Region variiert der geschmackliche Charakter: von mild bis kräftig und von fruchtig bis grasig.

SONNENBLUMENÖL
Typisch ist der nussige Geschmack, der besonders gut zu Blattsalaten passt.

ERDNUSSÖL
Sehr mildes Öl, das gut in die asiatische Küche passt.

KOKOSFETT
Schmilzt bei 30 Grad und ist besonders zum Braten und Frittieren geeignet.

Saucen & Cremes

Die vegetarische Küche ist vor allem wegen ihrer Saucen, Dips und Dressings so vielfältig und abwechslungsreich. Deshalb tummeln sich Kokosmilch, Erdnusscreme, Tahin und andere leckere Zutaten in den Rezepten. Das kann nur köstlich enden!

TAHIN
Das Sesammus ist eine Grundzutat für Hummus und kommt aus der arabisch-orientalischen Küche.

ERDNUSS-BUTTER
Der Asia-Klassiker für Saucen und Currys.

KOKOSMILCH
Herrlich cremige Basis für Suppen und Currys, die zu fast allen Gemüsen passt.

JOGHURT
Beliebt als Grundzutat für Dressings und Dips. Und kühlend bei Schärfe.

Käse

Er bringt eine herzhafte Note in viele Gerichte und zerläuft wunderbar cremig im Ofen. In unseren Rezepten verwenden wir Käsesorten, die mit mikrobiellem Lab hergestellt wurden und für Vegetarier geeignet sind. Häufig ist vegetarischer Käse extra gekennzeichnet. Die Experten an der Käsetheke beraten Sie sehr gern dazu.

HALLOUMI
Das Original für Pfanne und Grill stammt aus Zypern und ist aus Kuh-, Ziegen- und Schafsmilch.

HARTKÄSE
Zum Überbacken oder zum Verfeinern von Risotto und Pastagerichten super geeignet.

FETA
Salate, Frittata, Quiche, Pasta – es gibt kaum ein Rezept und kaum ein Gemüse, das nicht mit dem cremigen Original aus Schafs- und Ziegenmilch harmoniert.

All die schönen Farben!

SAISON-KALENDER

Je kürzer die Transportwege, desto besser schmeckt es der Umwelt. Unser Kalender zeigt, wann welches Gemüse Saison hat und frisch vom Feld oder regional gelagert verfügbar ist.

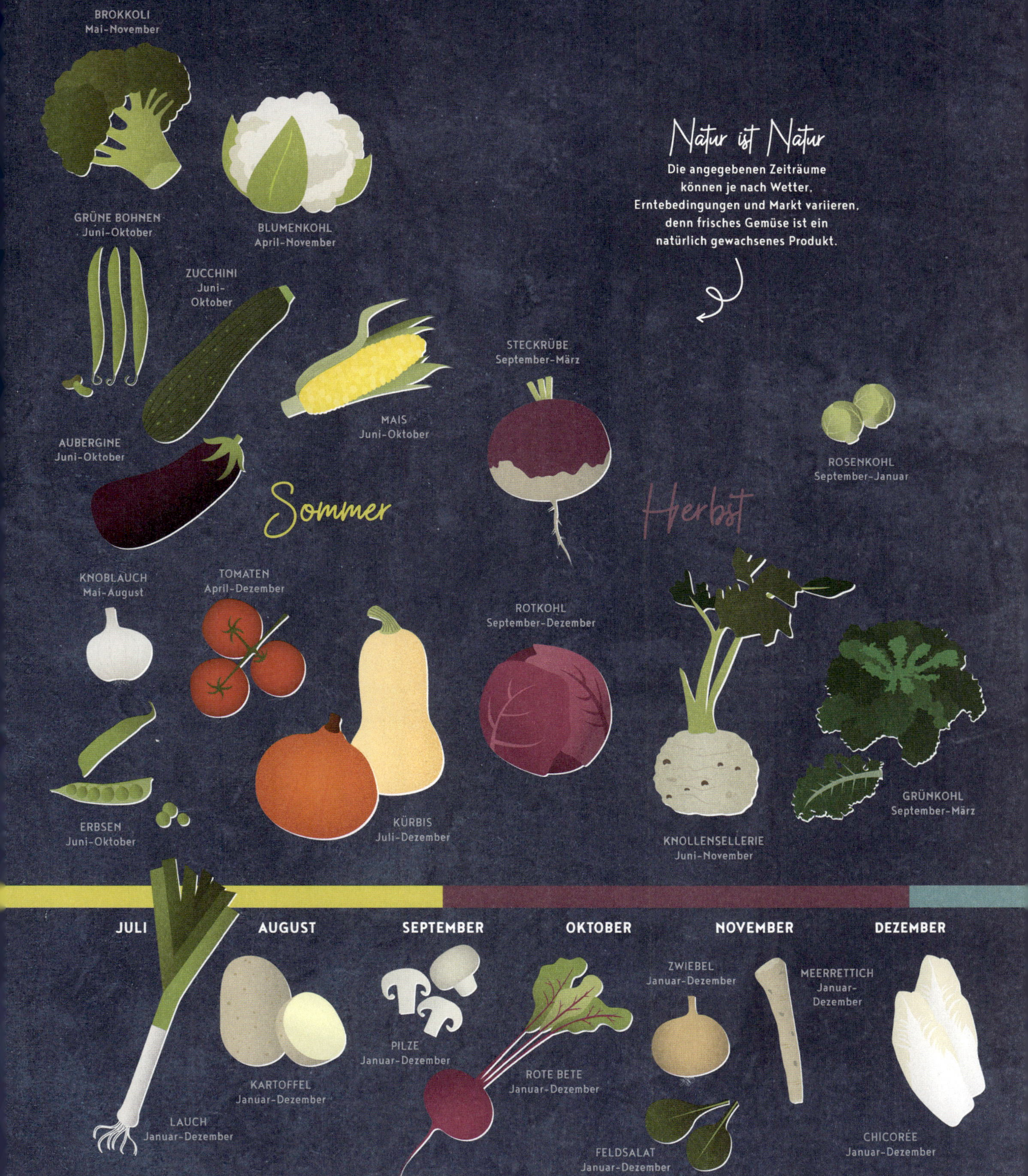
BROKKOLI
Mai-November
BLUMENKOHL
April-November
GRÜNE BOHNEN
Juni-Oktober
ZUCCHINI
Juni-Oktober
MAIS
Juni-Oktober
AUBERGINE
Juni-Oktober
Sommer
STECKRÜBE
September-März
ROSENKOHL
September-Januar
Herbst
Natur ist Natur
Die angegebenen Zeiträume
können je nach Wetter,
Erntebedingungen und Markt variieren,
denn frisches Gemüse ist ein
natürlich gewachsenes Produkt.
KNOBLAUCH
Mai-August
TOMATEN
April-Dezember
ROTKOHL
September-Dezember
ERBSEN
Juni-Oktober
KÜRBIS
Juli-Dezember
KNOLLENSELLERIE
Juni-November
GRÜNKOHL
September-März
JULI
AUGUST
SEPTEMBER
OKTOBER
NOVEMBER
DEZEMBER
LAUCH
Januar-Dezember
KARTOFFEL
Januar-Dezember
PILZE
Januar-Dezember
ROTE BETE
Januar-Dezember
ZWIEBEL
Januar-Dezember
FELDSALAT
Januar-Dezember
MEERRETTICH
Januar-Dezember
CHICORÉE
Januar-Dezember

Die Alleskönner

Bohnen sind aus Suppen und Eintöpfen nicht wegzudenken. Ob als frische Brechbohnen oder in der weißen Variante aus der Dose – sie liefern viel pflanzliches Eiweiß. Und das Beste daran: Ihre Kochzeit liegt bei nur 5–8 Minuten.

Suppen & Eintöpfe

ALLES AUS EINEM POTT

Was lässt sich gut vorbereiten, wärmt Magen und Seele, macht satt und glücklich? Richtig, der gute alte und zugleich schöne neue Eintopf! Denn Klassiker wie Steckrüben, Wirsing, Möhren oder Kartoffeln machen eine gute Figur in köstlichen Suppen, cremigen Currys, würzigem Gemüsegulasch oder Risottos. Hier und da noch ein leckeres Topping hinzu – leckerschmecker!

Statt der Crostini schmecken hier auch die Drei-Käse-Croûtons von Seite 182 richtig super. Einfach vor dem Servieren drüberstreuen

STECKRÜBEN-EINTOPF

mit Ziegenkäse-Crostini

FÜR 4 PORTIONEN

Für den Eintopf:

800 g	**Steckrüben**
250 g	**Kartoffeln, vorwiegend festkochend**
150 g	**Möhren**
3	**Zwiebeln**
150 g	**Knollensellerie**
1 Dose	**weiße Bohnen (250 g Abtropfgewicht)**
250 g	**grüne Bohnen**
3 EL	**Sonnenblumenöl**
1 EL	**Currypulver**
1 TL	**Kurkuma**
1 EL	**Tomatenmark**
1 l	**Gemüsebrühe**
	Salz, Pfeffer
1 Handvoll	**Basilikumblätter**

Für die Crostini:

100 g	**Ziegengouda**
1	**kleines Ciabatta**

Zubereitung ca. 1 Stunde
Pro Portion ca. 538 kcal, 23 g E, 18 g F, 70 g KH

1 Für den Eintopf Steckrüben, Kartoffeln, Möhren, Zwiebeln und Sellerie schälen und in 1–2 cm große Stücke schneiden. Die weißen Bohnen abgießen, gründlich abbrausen und abtropfen lassen. Die grünen Bohnen putzen und in ca. 3 cm lange Stücke schneiden.

2 Das Öl in einem großen Topf erhitzen, das Gemüse (bis auf die Bohnen) darin bei mittlerer bis starker Hitze unter ständigem Rühren ca. 5 Minuten anrösten. Curry, Kurkuma und Tomatenmark unterrühren, kurz mitrösten und alles mit der Brühe ablöschen. Aufkochen, die Hitze reduzieren und den Eintopf zugedeckt ca. 30 Minuten köcheln lassen.

3 Den Deckel abnehmen. Weiße und grüne Bohnen zum Eintopf hinzufügen, kurz aufkochen und offen weitere 5–8 Minuten köcheln lassen. Mit Salz und Pfeffer würzen.

4 Währenddessen für die Crostini die Grillfunktion des Backofens auf 250 Grad vorheizen. Den Ziegengouda grob reiben. Ciabatta schräg in fingerdicke Scheiben schneiden und unter dem heißen Backofengrill von beiden Seiten ca. 2 Minuten leicht rösten. Dann mit Ziegenkäse bestreuen und noch mal unter den Grill geben, bis der Käse zerläuft. Den fertigen Eintopf mit Basilikumblättern bestreuen und mit den warmen Crostini servieren.

KNOLLENTAUSCH

Die Steckrübe ist ein echter Klassiker der Winterküche. Im Frühjahr können Sie diesen Eintopf auch mit erntefrischem Kohlrabi zubereiten. Einfach die gleiche Menge Kohlrabi schälen und wie im Rezept beschrieben statt der Steckrübe verwenden.

KARTOFFEL-WIRSING-EINTOPF

mit Rosenkohl und Haselnüssen

FÜR 4 PORTIONEN

- 700 g **Kartoffeln, vorwiegend festkochend**
- 120 g **Knollensellerie**
- 4 **Zwiebeln**
- 200 g **Rosenkohl**
- 400 g **Wirsing**
- 2-3 EL **Sonnenblumenöl**
- 1,2 l **Gemüsebrühe**
- **Salz, Pfeffer**
- 80 g **Haselnüsse**
- 2 EL **Zucker**
- 1 EL **Rosmarinnadeln**

Zubereitung ca. 1 Stunde
Pro Portion ca. 357 kcal, 13 g E, 14 g F, 43 g KH

1 Kartoffeln, Sellerie und Zwiebeln schälen. Das Gemüse in 1–2 cm große Stücke schneiden. Den Rosenkohl putzen und die Röschen halbieren. Den Wirsing vierteln, den Strunk entfernen und den Kohl grob in Stücke schneiden.

2 Das Öl in einem großen Topf erhitzen. Kartoffeln, Sellerie und Zwiebeln darin bei mittlerer bis starker Hitze ca. 2 Minuten rundherum anrösten. Mit der Brühe ablöschen. Alles aufkochen und zugedeckt bei niedriger Hitze ca. 15 Minuten köcheln lassen. Den Deckel abnehmen, Wirsing und Rosenkohl zum Eintopf dazugeben. Die Hitze erhöhen und alles weitere 20 Minuten köcheln lassen. Eintopf mit Salz und Pfeffer abschmecken.

3 Währenddessen die Haselnüsse grob hacken und in einer Pfanne ohne Fett goldbraun anrösten. Zucker und Rosmarin hinzufügen. Die Nüsse leicht karamellisieren lassen, auf ein Blatt Backpapier geben und abkühlen lassen. Danach in grobe Stücke brechen oder hacken. Den fertigen Eintopf mit den karamellisierten Nüssen garnieren.

SÜß, DIE KLEINEN

Viele lieben die Mini-Kohlköpfchen, aber manchem sind sie etwas zu bitter. Eine Prise Zucker in der Brühe oder im Kochwasser mildert das ab. Auch Frost, etwa durch Einfrieren, reduziert den Bittergeschmack des Rosenkohls.

Auch Süßkartoffeln schmecken köstlich im Eintopf – besonders neben Linsen und Erdnussbutter:

SÜßKARTOFFEL-EINTOPF

yumtamtam.de/suesskartoffeleintopf/

Die Rosmarin-Croûtons mit Knoblauch von Seite 181 sind ein tolles Knusper-Topping

MÖHREN-GULASCH

mit Petersilienknödeln

FÜR 4 PORTIONEN

Für das Möhrengulasch:

800 g	**Möhren**
350 g	**Kartoffeln, vorwiegend festkochend**
100 g	**Knollensellerie**
3	**Zwiebeln**
1	**Knoblauchzehe**
3 EL	**Sonnenblumenöl**
1 EL	**Paprikapulver, edelsüß**
½ TL	**Cayennepfeffer**
1 EL	**Tomatenmark**
1 l	**Gemüsebrühe**
80 g	**Parmesan**
½ Bund	**Schnittlauch**
	Salz, Pfeffer

Für die Knödel:

250 g	**helles Brot oder Brötchen vom Vortag**
1 Handvoll	**Petersilie**
1	**Zwiebel**
4 EL	**Butter**
150 ml	**Milch**
2	**Eier (Größe M)**
1 ½ TL	**Backpulver**
	Salz, Pfeffer
2 EL	**Sonnenblumenöl**

Zubereitung ca. 1 Stunde + 40 Minuten Ruhezeit
Pro Portion ca. 679 kcal, 23 g E, 36 g F, 65 g KH

1 Möhren, Kartoffeln, Sellerie und Zwiebeln schälen. Das Gemüse in 1–2 cm große Stücke schneiden. Knoblauch schälen und fein hacken. Das Öl in einem großen Topf erhitzen. Das Gemüse mit Paprikapulver, Cayennepfeffer und Tomatenmark bei mittlerer bis starker Hitze unter ständigem Rühren ca. 2 Minuten anbraten. Mit der Brühe ablöschen, aufkochen und zugedeckt bei niedriger Hitze ca. 35 Minuten köcheln lassen.

2 Für die Knödel das Brot klein würfeln. Die Petersilie grob hacken. Die Zwiebel schälen, fein würfeln, mit 2 EL Butter und der Milch leicht erwärmen und mit der Petersilie über die Brotwürfel gießen. Alles gut vermengen. Masse etwas abkühlen lassen. Eier, Backpulver, Salz und Pfeffer dazugeben und gründlich vermengen. Knödelmasse ca. 30 Minuten ruhen lassen. Dann 12 gleich große Knödel formen und diese noch einmal 10 Minuten ruhen lassen.

3 Reichlich Salzwasser in einem großen Topf zum Kochen bringen. Die Knödel portionsweise hineingeben und ziehen lassen, bis sie an die Oberfläche steigen. Die Knödel mit einem Schaumlöffel herausnehmen und abtropfen lassen.

4 Das Öl mit restlicher Butter (2 EL) in einer Pfanne erhitzen. Die fertigen Knödel darin bei mittlerer bis starker Hitze rundherum goldbraun anbraten.

5 Den Parmesan reiben. Schnittlauch in Röllchen schneiden. Ca. drei Viertel des Parmesans unter das Gulasch rühren. Mit Salz und Pfeffer abschmecken. Gulasch und Knödel auf Schüsseln verteilen, mit restlichem Parmesan und Schnittlauch garnieren.

PILZ-EINTOPF

mit Graupen und Bergkäse

FÜR 4 PORTIONEN

100 g	**Portobello-Pilze**
100 g	**Kräuterseitlinge**
200 g	**braune Champignons**
2	**Möhren**
200 g	**Knollensellerie**
2	**Zwiebeln**
200 g	**Staudensellerie**
300 g	**Blumenkohl**
130 g	**Graupen**
2 EL	**Sonnenblumenöl**
800 ml	**Gemüsebrühe**
100 g	**Schlagsahne**
100 g	**Bergkäse**
½ Bund	**Schnittlauch**
2 Stängel	**Petersilie**
	Salz, Pfeffer

Zubereitung ca. 1 Stunde 10 Minuten
Pro Portion ca. 410 kcal, 19 g E, 23 g F, 31 g KH

1 Die Pilze abbürsten und in mundgerechte Stücke schneiden. Möhren, Knollensellerie und Zwiebeln schälen und in kleine Stücke schneiden. Staudensellerie inklusive Blätter klein schneiden. Den Blumenkohl waschen und in Röschen teilen. Graupen in einem Sieb gut abspülen.

2 Das Öl in einem Topf erhitzen. Möhren, Zwiebeln und beide Selleriesorten darin bei mittlerer bis starker Hitze ca. 4 Minuten anbraten. Die Hitze erhöhen, Pilze dazugeben und weitere 4 Minuten anbraten. Mit der Gemüsebrühe ablöschen und aufkochen. Dann Blumenkohl und Graupen dazugeben und den Eintopf zugedeckt bei niedriger Hitze ca. 30 Minuten köcheln lassen.

3 Die Sahne hinzufügen. Den Eintopf ohne Deckel weitere 5 Minuten köcheln lassen. Den Bergkäse grob reiben. Schnittlauch waschen, Petersilienblätter abzupfen und die Kräuter grob schneiden. Eintopf mit Salz und Pfeffer abschmecken. Mit Käse und Kräutern bestreut servieren.

CHILI SIN CARNE

mit Wildreis

FÜR 4 PORTIONEN

1	**Zwiebel**
1	**rote Paprikaschote**
150 g	**Möhren**
30 g	**Ingwer**
4	**Knoblauchzehen**
1–2	**Chilischoten**
2 EL	**Pflanzenöl**
1 TL	**Paprikapulver, edelsüß**
1 TL	**Currypulver**
1 Dose	**geschälte Tomaten (800 g Abtropfgewicht)**
	Salz, Pfeffer
250 g	**Wildreis**
1 Dose	**schwarze Bohnen (240 g Abtropfgewicht)**
1 Dose	**Kidneybohnen (265 g Abtropfgewicht)**
1 Dose	**Mais (150 g Abtropfgewicht)**
½ Bund	**Petersilie**

Zubereitung ca. 40 Minuten
Pro Portion ca. 550 kcal, 23 g E, 10 g F, 89 g KH

1 Die Zwiebel schälen und fein hacken. Die Paprikaschote vierteln, Kerne und Strunk entfernen und in kleine Stücke schneiden. Die Möhren schälen und würfeln. Ingwer und Knoblauch schälen und fein hacken. Chilischoten in feine Ringe schneiden.

2 Das Pflanzenöl in einem großen Topf erhitzen. Zwiebel, Chilischoten, Knoblauch und Ingwer darin kurz anbraten. Dann Gewürze, Möhren und Paprika hinzufügen. Alles unter Rühren 1–2 Minuten anrösten. Die Tomaten mit einem Kochlöffel etwas zerdrücken und samt Flüssigkeit in den Topf geben. Das Chili kräftig salzen und ca. 15 Minuten bei mittlerer Hitze zugedeckt köcheln lassen.

3 In der Zwischenzeit den Wildreis nach Packungsanleitung kochen. Beide Bohnensorten in ein Sieb abgießen, gut abspülen und abtropfen lassen. Mais abgießen, mit den Bohnen zum Chili geben und noch ca. 5 Minuten mitköcheln lassen. Je nach Konsistenz etwas Wasser hinzufügen. Petersilienblättchen abzupfen. Das Chili sin Carne mit Salz und Pfeffer abschmecken. Mit Wildreis und frischer Petersilie servieren.

ERBSEN-EINTOPF

mit gerösteten Möhren und Tofu

FÜR 4 PORTIONEN

300 g	**grüne Trockenerbsen (ungeschält)**
4	**Zwiebeln**
400 g	**Kartoffeln**
100 g	**Möhren**
100 g	**Knollensellerie**
100 g	**Lauch**
	Salz, Pfeffer
2 Stängel	**glatte Petersilie**
300 g	**bunte Möhren**
250 g	**geräucherter Tofu**
2 EL	**Sonnenblumenöl**
1 Handvoll	**Dillspitzen**

Zubereitung ca. 2 Stunden + 12 Stunden Einweichzeit
Pro Portion ca. 394 kcal, 19 g E, 17 g F, 51 g KH

1 Die Erbsen über Nacht in ca. 1,2 l kaltem Wasser einweichen. Erbsen im Einweichwasser zum Kochen bringen und ca. 60 Minuten leicht köcheln lassen, bis sie weich, aber noch bissfest sind.

2 Währenddessen Zwiebeln, Kartoffeln, Möhren und Sellerie schälen und in ca. 1–2 cm große Würfel schneiden. Lauch putzen und in Ringe schneiden. Alles zusammen nach 60 Minuten Garzeit zu den Erbsen in den Topf geben. Den Eintopf aufkochen und zugedeckt bei niedriger Hitze weitere 30 Minuten fertig garen. Mit Salz und Pfeffer würzen und die abgezupften Petersilienblätter unterrühren.

3 In der Zwischenzeit die bunten Möhren schälen und schräg in Stifte schneiden. Tofu trocken tupfen und ebenfalls schräg in längliche Stifte schneiden. Das Öl in einer Pfanne erhitzen. Möhren und Tofu darin bei mittlerer bis starker Hitze ca. 5 Minuten anbraten, dabei immer wieder durchschwenken. Mit Salz, Pfeffer und Dill würzen. Den Eintopf mit den gebratenen Möhren und dem Tofu servieren.

HARTE SCHALE, CREMIGE SUPPE

Getrocknete Erbsen sorgen für die typische Konsistenz der Suppe. Es gibt sie in Grün und Gelb, geschält und ungeschält. Geschälte Erbsen müssen nicht über Nacht eingeweicht werden. Eine Prise Natron verkürzt die Garzeit von Trockenerbsen, und gesalzen werden sie erst ganz zum Schluss, weil sie sonst nicht richtig weich werden.

Für Extra-Wumms
sorgt der Erdnuss-Mix
mit Röstzwiebeln
auf Seite 193

Noch eine Suppe, die begeistert! Hier mit grünem Gemüse und Parmesan-Crumble:

GRÜNE MINESTRONE

edeka.de/gruene-minestrone.jsp

ZUCCHINI-PAPRIKA-EINTOPF

mit gerösteten Mandeln

FÜR 4 PORTIONEN

2	**Zwiebeln**
3	**Paprikaschoten (rot, gelb und orange)**
300 g	**Zucchini**
2 Stangen	**Staudensellerie**
3	**Knoblauchzehen**
1	**Chilischote**
250 g	**dicke Bohnen (TK)**
	Salz, Pfeffer
60 g	**ganze Mandeln (ohne Schale)**
3 EL	**Sonnenblumenöl**
1 EL	**Thymian**
1 geh. EL	**Tomatenmark**
1 EL	**gemahlener Kreuzkümmel**
1 l	**Gemüsebrühe**
1 Handvoll	**Koriander**
1 Handvoll	**Thymian**

Zubereitung ca. 1 Stunde 10 Minuten
Pro Portion ca. 319 kcal, 13 g E, 19 g F, 22 g KH

1 Die Zwiebeln schälen. Die Paprikaschoten vierteln, Kerne und Strünke entfernen. Zucchini putzen. Sellerie putzen. Gemüse in 1–2 cm große Stücke schneiden. Den Knoblauch schälen und fein hacken. Chili längs halbieren. Dicke Bohnen für ca. 4 Minuten in kochendes Salzwasser geben. Abgießen, abschrecken und abtropfen lassen. Die Bohnenkerne aus der wächsernen Haut drücken. Die Mandeln grob hacken und ohne Fett in einer Pfanne goldbraun anrösten.

2 Das Öl in einem großen Topf erhitzen. Zwiebeln und Knoblauch darin bei mittlerer bis starker Hitze goldbraun anrösten. Paprika, Chili, Zucchini, Sellerie und Thymian hinzufügen und ca. 3 Minuten mit anrösten. Tomatenmark und Kreuzkümmel unterrühren, dann mit der Brühe ablöschen. Alles aufkochen und zugedeckt bei niedriger Hitze ca. 30 Minuten köcheln lassen.

3 Den Deckel abnehmen, jeweils die Hälfte der Mandeln und der dicken Bohnen dazugeben und alles weitere 2 Minuten weiterköcheln lassen. Den Eintopf mit Salz und Pfeffer abschmecken und mit restlichen Mandeln, Bohnen, Koriander und Thymian servieren.

Baukasten:

SUPPE & EINTOPF

Ein kunterbuntes Durcheinander – aber mit System! Bei unserem Baukasten können Sie die Zutaten der einzelnen Kategorien frei variieren. Heraus kommt dabei immer eine völlig neue Suppe oder ein genialer Eintopf. Viel Spaß beim Ausprobieren!

Gemüse

Sie geben Suppe und Eintopf Farbe und vor allem Geschmack. Zwei bis drei verschiedene Gemüse pro Gericht sind völlig ausreichend.

Super Gemüse für Suppen und Eintöpfe sind z. B.: Staudensellerie, Blumenkohl, Brokkoli, Chinakohl, Erbsen, Fenchel, Kohlrabi, Kürbis, Mais, Pak Choi, Pastinake, Pilze, Rote Bete, Weißkohl, Wirsing und Zucchini.

Wumms

Für einen kräftigen Geschmack sorgt Zwiebelgemüse. Dazu gehören neben den Zwiebeln auch Schalotten, Knoblauch, Lauchzwiebeln und Porree.

Brühe

Sie ist die Basis jeder Suppe und jedes Eintopfs. Wenn es schnell gehen soll, gibt es sehr gute Instant-Gemüsebrühen. Eine frische Brühe ist aber auch ruckzuck selbst gemacht: für ca. 2 Liter Brühe 1 Suppengrün (½ Knollensellerie, 2 Möhren, 1 Lauch, 1 Petersilienwurzel) putzen und grob zerkleinern. 1 Zwiebel mit Schale halbieren und auf der Schnittfläche in einer Pfanne ohne Fett anrösten. Alles mit 2 Liter kaltem Wasser, Pfeffer, Salz und 1 Lorbeerblatt in einem großen Topf aufsetzen und aufkochen. Hitze reduzieren und 30 Minuten leicht kochen lassen. Durch ein Sieb abgießen und die Brühe auffangen. Die Brühe ist verschlossen im Kühlschrank ca. 3–4 Tage lang haltbar.

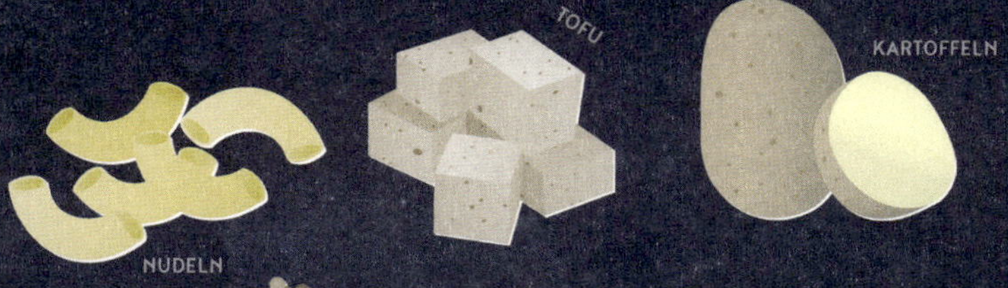

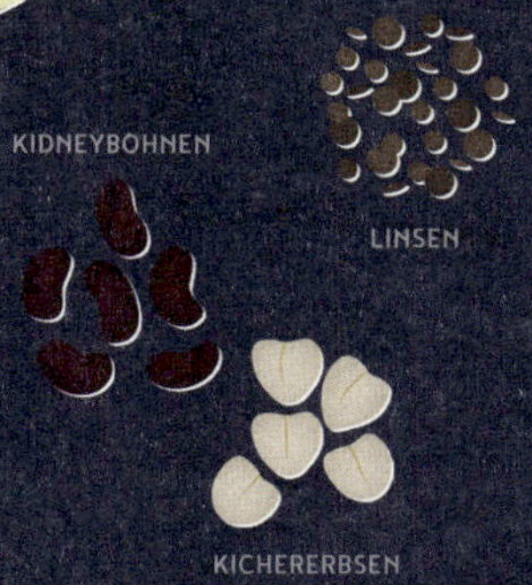

Sattmacher

Sie werden auch gerne „Einlagen" genannt und reichern die Suppe und den Eintopf mit Energielieferanten wie pflanzlichen Eiweißquellen oder wertvollen Kohlenhydraten an.

Super Sattmacher sind z. B.: Bohnen, Kartoffeln, Süßkartoffeln, Kichererbsen, Linsen, Nudeln, Quinoa, Reis, Seitanwürstchen und Tofuwürfel.

Würze

Gewürze und Kräuter sorgen für das Feintuning der Suppen und Eintöpfe. Während Ingwer und Kräuter wie Rosmarin, Sellerie- und Fenchelkraut, Thymian und Oregano schon mitkochen können, sollten Sie feinere Kräuter wie Schnittlauch, Petersilie oder Basilikum erst beim Servieren darübergeben. Sojasauce und Chili sorgen für eine asiatische Note und kommen ebenfalls erst zum Schluss dazu.

Toppings

Sie sehen gut aus und schmeicheln dem Gaumen: Ein Klacks Schmand, ein Löffel Crème fraîche oder etwas Pesto runden die Suppe ab. Geröstete Mandeln oder Kürbiskerne und bunte Sprossen geben etwas Biss. Erlaubt ist hier alles, was Spaß macht und schmeckt.

MIE-NUDELSUPPE

mit Möhren und Shiitakepilzen

FÜR 4 PORTIONEN

30 g	**Ingwer**
250 g	**Möhren**
4	**Lauchzwiebeln**
150 g	**Shiitakepilze**
200 g	**Tofu natur**
150 g	**Mie-Nudeln**
2	**Eier (Größe M)**
3 EL	**Erdnussöl**
½ TL	**Szechuanpfeffer**
½ TL	**schwarze Pfefferkörner**
3	**Sternanis**
800 ml	**Gemüsebrühe**
3 EL	**Sojasauce**
½ Bund	**Koriander**
etwas	**Sesamöl**

Zubereitung ca. 40 Minuten
Pro Portion ca. 398 kcal, 13 g E, 20 g F, 43 g KH

1 Den Ingwer und die Möhren schälen. Die Lauchzwiebeln waschen und putzen. Ingwer fein reiben. Möhren und Lauchzwiebeln in ca. 3 cm lange dünne Stifte schneiden. Die Shiitakepilze putzen und in dünne Scheiben schneiden. Den Tofu klein würfeln. Die Mie-Nudeln nach Packungsanleitung zubereiten. Die Eier ca. 5 ½ Minuten wachsweich kochen, abgießen und abschrecken.

2 Währenddessen 1 EL Erdnussöl in einem Topf erhitzen. Szechuanpfeffer, schwarzen Pfeffer und Sternanis darin bei mittlerer bis starker Hitze kurz anrösten. Ingwer dazugeben und anbraten. Brühe und Sojasauce hinzufügen und alles aufkochen lassen. Die Möhren und Shiitakepilze hinzufügen. Den Topf vom Herd nehmen und die Suppe zugedeckt ca. 10 Minuten ziehen lassen.

3 In der Zwischenzeit restliches Erdnussöl (2 EL) in einer Pfanne erhitzen. Den Tofu darin bei starker Hitze rundherum goldbraun anbraten. Die Eier pellen und halbieren. Die Korianderblättchen abzupfen. Zum Servieren die Mie-Nudeln mit Lauchzwiebeln, Tofu, Eiern und Koriander in Suppenschalen geben. Mit der heißen Suppe übergießen und mit Sesamöl beträufeln.

PFLEGELEICHT

Shiitakepilze haben ein besonders feines Aroma und machen wenig Arbeit: Vor dem Kochen werden sie einfach mit Pinsel oder Küchenpapier gesäubert und die Stielenden entfernt. Sie passen vor allem in asiatische Gerichte, aber auch in Suppen und Risottos.

YUM TAM TAM

Die Trend-Nudelsuppe aus Japan zum Selbermachen – mit Sojasprossen, Chinakohl und Ei:

LECKERE RAMEN

yumtamtam.de/ramen/

Der Pistazien-Mix mit Aprikosen von Seite 193 ist ein kerniges Plus für diese Suppe

MÖHREN-MANGO-SUPPE

mit Gemüsechips

FÜR 4 PORTIONEN

1	**Zwiebel**
550 g	**Möhren**
2	**Mangos**
250 g	**Kartoffeln, vorwiegend festkochend**
3 EL	**Olivenöl**
500 ml	**Gemüsebrühe**
400 ml	**Orangensaft**
100 g	**Schlagsahne**
400 ml	**Frittieröl**
	Salz, Pfeffer
1 Handvoll	**Kerbel**

Zubereitung ca. 50 Minuten
Pro Person ca. 493 kcal, 5 g E, 31 g F, 47 g KH

Mach's vegan!
Statt Schlagsahne vegane Pflanzencreme steif schlagen und zur Suppe geben.

1 Die Zwiebel schälen und würfeln. 400 g Möhren schälen. Die Mangos schälen, das Fruchtfleisch vom Stein schneiden und würfeln. Die Kartoffeln schälen und grob würfeln. 2 EL Olivenöl in einem Topf erhitzen. Gemüse und Mangowürfel darin ca. 2 Minuten dünsten. Mit Brühe und Orangensaft ablöschen. Alles aufkochen und ca. 20 Minuten köcheln lassen.

2 Inzwischen die Sahne steif schlagen und kalt stellen. Die restlichen Möhren (150 g) schälen und mit einem Sparschäler schräg in 2–3 mm dicke Scheiben hobeln. Das Frittieröl in einem Topf auf ca. 180 Grad erhitzen (siehe Tipp unten). Die Möhrenscheiben portionsweise im Öl knusprig frittieren. Herausnehmen, auf Küchenpapier gut abtropfen lassen und leicht salzen.

3 Die Suppe fein pürieren und mit Salz und Pfeffer würzen. Möhren-Mango-Suppe in Schalen mit je einem Klecks Sahne anrichten. Mit Kerbel und Möhrenchips bestreuen. Mit restlichem Olivenöl (1 EL) beträufelt servieren.

SO WIRD'S KNUSPRIG

Kein Thermometer zur Hand? Dann verrät der Stäbchentest, ob die richtige Temperatur zum Frittieren erreicht ist: Einfach ein Holzstäbchen ins Öl tauchen. Steigen daran Bläschen auf, ist das Öl heiß genug, und Sie können mit dem Frittieren beginnen. Gemüse am besten in mehreren kleinen Portionen frittieren, damit die Temperatur nicht zu stark absinkt. Statt Möhren passen auch frittierte Kartoffeln, Pastinaken oder Rote Bete super zu diesem Rezept. Zum Frittieren geeignet sind z. B. Rapsöl und Kokosfett.

ROTE-BETE-KOKOS-SUPPE

mit geröstetem Blumenkohl

FÜR 4 PORTIONEN

Für die Suppe:

800 g **Rote Bete**
300 g **Topinambur**
1 **große Zwiebel**
3 EL **Kokosfett**
2 TL **Currypulver**
30 g **Ingwer**
400 ml **Kokosmilch**
1,2 l **Gemüsebrühe**
1 Prise **geriebene Muskatnuss**
Salz, Pfeffer
1 EL **Sesam**
1 Handvoll **Basilikum**

Für den Blumenkohl:

2 EL **Olivenöl**
½–1 TL **Cayennepfeffer**
2 TL **Paprikapulver, edelsüß**
¼ Kopf **Blumenkohl**
etwas **Akazienhonig**
Meersalz

Zubereitung ca. 1 Stunde 10 Minuten
Pro Portion ca. 345 kcal, 6 g E, 17 g F, 26 g KH

Mach's vegan!
Den Akazienhonig zum Beträufeln des Blumenkohls durch Ahornsirup oder Agavendicksaft ersetzen.

1 Die Rote Bete schälen und würfeln. Topinambur gut waschen, schälen und würfeln. Zwiebel schälen und fein hacken. Kokosfett in einem großen Topf erhitzen. Die Zwiebel darin andünsten. Currypulver hinzugeben und kurz andünsten. Topinambur und Rote Bete hinzufügen und kräftig anrösten. Den Ingwer schälen und reiben. Mit der Kokosmilch und der Brühe zum Gemüse geben. Suppe aufkochen und bei mittlerer Hitze 20–25 Minuten köcheln lassen.

2 Inzwischen den Backofen auf 220 Grad (Umluft 200) vorheizen. Olivenöl, Cayennepfeffer und Paprikapulver vermischen. Blumenkohl in Röschen teilen, diese in ca. 1 cm dicke Scheiben schneiden und in der Gewürzmarinade schwenken. Blumenkohl auf einem mit Backpapier belegten Backblech verteilen und im Ofen ca. 15 Minuten backen. Anschließend mit Akazienhonig beträufeln und mit Meersalz würzen.

3 Die Suppe mit dem Stabmixer pürieren und mit Muskatnuss, Salz und Pfeffer abschmecken. Suppe in Schüsseln füllen und mit Blumenkohl anrichten. Mit Sesam und Basilikum bestreut servieren.

CHEDDAR-LAUCH-SUPPE

mit würzigen Tortillas

FÜR 4 PORTIONEN

Für die Suppe:

2	**Zwiebeln**
1	**Knoblauchzehe**
150 g	**Möhren**
200 g	**Kartoffeln**
400 g	**Lauch**
2 EL	**Sonnenblumenöl**
1	**Chilischote**
1 l	**Gemüsebrühe**
180 g	**Cheddar**
150 g	**Schlagsahne**
	Salz, Pfeffer
1 Handvoll	**glatte Petersilie**

Für die Tortillas:

2	**Weizentortillas**
700 ml	**Frittieröl**
	Salz
½ TL	**Chiliflocken**
½ TL	**Oregano**

Zubereitung ca. 40 Minuten
Pro Portion ca. 547 kcal, 18 g E, 41 g F, 26 g KH

1 Zwiebeln, Knoblauch, Möhren und Kartoffeln schälen und würfeln. Lauch putzen, in fingerdicke Ringe schneiden und die Hälfte davon beiseitestellen. Das Öl in einem Topf erhitzen, Chili und Gemüse darin bei mittlerer bis starker Hitze ca. 3 Minuten unter ständigem Rühren anbraten. Mit Brühe ablöschen, alles aufkochen, die Hitze reduzieren und zugedeckt ca. 20 Minuten köcheln lassen. Währenddessen den Cheddar grob reiben, ca. ein Drittel davon zur Seite stellen.

2 Herd ausstellen und den Topf auf dem heißen Herd stehen lassen, dabei den Deckel abnehmen. Sahne und zwei Drittel des geriebenen Käses hinzufügen. Suppe fein pürieren, den restlichen Lauch unterrühren und ca. 8 Minuten ziehen lassen. Suppe mit Salz und Pfeffer abschmecken.

3 In der Zwischenzeit die Tortillas in kleine Dreiecke schneiden. Frittieröl in einem Topf auf ca. 160 Grad erhitzen. Tortilladreiecke darin portionsweise goldbraun und knusprig ausbacken. Auf Küchenpapier abtropfen lassen. Mit Salz, Chiliflocken und Oregano würzen. Suppe auf Schüsseln verteilen, mit Petersilie und restlichem Cheddar bestreuen und mit den Tortillas servieren.

KARTOFFEL-CURRY

mit Kokosmilch und mariniertem Kürbis

FÜR 4 PORTIONEN

Für den Kürbis:

250 g	**Muskatkürbis**
½	**Zitrone**
30 g	**Ingwer**
1	**Chilischote**
2	**Lauchzwiebel**
1 EL	**Rohrohrzucker**
8 EL	**Sojasauce**

Für das Curry:

2	**Knoblauchzehen**
20 g	**Ingwer**
2 Stangen	**Zitronengras**
1 Bund	**Koriander**
2	**Lauchzwiebeln**
2	**grüne Chilischoten**
1 EL	**Koriandersamen**
350 ml	**Kokosmilch**
800 g	**kleine Kartoffeln**
	Salz, Pfeffer

Für den Mozzarella:

2 Kugeln	**Mozzarella (à 125 g)**
1 Handvoll	**Minze**
4 EL	**Olivenöl**
	Chiliflocken

Zubereitung ca. 45 Minuten
+ 1 Stunde Marinierzeit
Pro Portion ca. 485 kcal, 20 g E, 25 g F, 44 g KH

1 Den Kürbis schälen, die Kerne entfernen und in sehr dünne Streifen hobeln. Die Zitrone auspressen. Den Ingwer schälen und mit der Chili fein hacken. Die Lauchzwiebeln putzen und in ca. 2 cm lange dünne Streifen schneiden. Alles mit Zucker und Sojasauce vermengen und mindestens 1 Stunde marinieren.

2 Für das Curry Knoblauch und Ingwer schälen. Mit Zitronengras, Koriander, Lauchzwiebeln und Chili grob hacken. Koriandersamen ohne Öl anrösten, bis sie duften. Alles zusammen mit der Kokosmilch und 100 ml Wasser fein pürieren. Kartoffeln waschen, halbieren und in Salzwasser ca. 15 Minuten kochen. Dann abgießen und mit der Currysauce langsam zum Kochen bringen. Ca. 10 Minuten bei mittlerer Hitze köcheln lassen. Mit Salz und Pfeffer würzen.

3 Mozzarella in mundgerechte Stücke zupfen und die Minze fein hacken. Beides mit dem Olivenöl vermengen. Das Curry mit dem marinierten Kürbis und dem Mozzarella anrichten. Mit Chiliflocken garniert servieren.

NOCH MEHR FARBE

Der Kürbis verleiht dem Curry eine wunderbare Farbe. Anstatt Kürbis können auch 3 bis 4 etwas dickere Möhren ein leckerer Farbtupfer sein. Diese nach dem Schälen der Länge nach in breite Streifen schneiden (mit dem Sparschäler oder dem Gemüsehobel) und anschließend wie den Kürbis mit der Marinade mischen und mit dem Kartoffel-Curry servieren.

Wie aus 1001 Nacht – die orientalische Alternative mit Kurkuma und Cashewkernen:
KICHERERBSEN-CURRY
edeka.de/kichererbsencurry.jsp

KÜRBIS-KORMA

mit Cashewkernen

FÜR 4 PORTIONEN

500 g	**Hokkaido-Kürbis**
250 g	**Kartoffeln**
300 g	**Möhren**
150 g	**Zwiebeln**
2	**Knoblauchzehen**
30 g	**Ingwer**
200 g	**Tomaten**
1	**rote Chilischote**
3 EL	**Sonnenblumenöl**
250 g	**Schlagsahne**
300 ml	**Gemüsebrühe**
1 Döschen	**Safranfäden (0,1 g)**
250 g	**Basmatireis**
	Salz, Pfeffer
50 g	**ganze Mandeln**
100 g	**Cashewkerne**
1 EL	**Fenchelsamen**
1 TL	**Currypulver**
1 TL	**gemahlener Kreuzkümmel**
35 g	**Rosinen**
1 Bund	**Koriander**

Zubereitung ca. 45 Minuten
Pro Portion ca. 852 kcal, 18 g E, 48 g F, 86 g KH

Mach's vegan!
Die Sahne lässt sich gegen die gleiche Menge Mandel- oder Cashewmilch austauschen.

1 Den Kürbis halbieren und die Kerne entfernen. Kartoffeln, Möhren und Zwiebeln schälen. Gemüse in 1–2 cm große Stücke schneiden. Den Knoblauch und den Ingwer schälen, beides fein hacken. Die Tomaten waschen. Mit der Chilischote in kleine Würfel schneiden.

2 Das Sonnenblumenöl in einem Topf erhitzen. Die vorbereiteten Zutaten darin bei mittlerer bis starker Hitze ca. 5 Minuten anrösten. Sahne, Brühe und Safran hinzufügen und alles aufkochen lassen. Die Hitze reduzieren und das Kürbis-Korma ca. 20 Minuten zugedeckt leicht köchelnd garen. Inzwischen den Reis nach Packungsanleitung zubereiten.

3 Die Mandeln und die Cashewkerne grob hacken und in einer Pfanne ohne Fett rösten. Mit Fenchelsamen, Currypulver und Kreuzkümmel zu einer groben Paste mörsern. Die Paste mit den Rosinen unter das fertige Kürbis-Korma mischen. Kürbis-Korma mit Salz und Pfeffer abschmecken. Mit Korianderblättchen bestreuen und mit dem Reis servieren.

FENCHEL-CURRY

mit roten Linsen

FÜR 4 PORTIONEN

2	**Fenchelknollen**
2	**rote Paprikaschoten**
1 Bund	**Lauchzwiebeln**
2 TL	**rote Currypaste**
2 EL	**Kokosfett**
400 g	**Schlagsahne**
200 g	**rote Linsen**
	Salz, Pfeffer
½ Bund	**glatte Petersilie**

Zubereitung ca. 25 Minuten
Pro Portion ca. 276 kcal, 9 g E, 19 g F, 17 g KH

25

Mach's vegan!
Die Sahne einfach 1:1 durch Kokosmilch ersetzen.

1 Das Gemüse waschen. Den Fenchel putzen und in dünne Scheiben schneiden. Die Paprikaschoten vierteln, Kerne und Strünke entfernen und in Streifen schneiden. Die Lauchzwiebeln in dünne Ringe schneiden.

2 In einem großen Topf die Currypaste mit dem Kokosfett unter Rühren erhitzen. Das Gemüse hinzugeben und 2-3 Minuten andünsten. Mit Sahne und ca. 500 ml Wasser aufgießen, aufkochen und bei mittlerer Hitze zugedeckt ca. 5 Minuten köcheln lassen.

3 Dann die Linsen hinzugeben, unterrühren und das Ganze 8-10 Minuten weiterköcheln lassen, bis die Linsen gar sind. Das Linsen-Curry mit Salz und Pfeffer abschmecken. Petersilienblättchen abzupfen und grob hacken. Fenchel-Linsen-Curry mit gehackter Petersilie bestreut servieren.

PASTINAKEN-KARTOFFEL-STAMPF

mit Spiegelei

FÜR 4 PORTIONEN

3	**Zwiebeln**
150 g	**Möhren**
300 g	**Pastinaken**
500 g	**Kartoffeln, mehligkochend**
	Salz, Pfeffer
100 ml	**Milch**
60 g	**Schlagsahne**
60 g	**Butter**
1 EL	**Thymian**
4	**rote Zwiebeln**
3 EL	**Sonnenblumenöl**
4	**Eier (Größe M)**
etwas	**Thymian zum Garnieren**

Zubereitung ca. 50 Minuten
Pro Portion ca. 494 kcal, 12 g E, 33 g F, 35 g KH

1 Zwiebeln, Möhren, Pastinaken und Kartoffeln schälen. Gemüse in grobe Stücke schneiden, in einem Topf mit Salzwasser bedecken und ca. 20 Minuten garen. Gemüse abgießen und mit Milch, Sahne und 50 g Butter grob zerstampfen. Mit Thymian, Salz und Pfeffer würzen.

2 Währenddessen die roten Zwiebeln schälen und in dünne Ringe schneiden. 2 EL Öl in einer Grillpfanne erhitzen. Die Zwiebelringe darin bei mittlerer bis starker Hitze ca. 1 Minute pro Seite grillen, mit Salz und Pfeffer würzen und herausnehmen.

3 Restliche Butter mit restlichem Öl (1 EL) in einer beschichteten Pfanne erhitzen. Die Eier aufschlagen und in der Pfanne bei mittlerer bis starker Hitze braten. Den Gemüsestampf auf Teller verteilen, mit gegrillten Zwiebelringen und Spiegelei anrichten. Mit Butter aus der Pfanne beträufeln und mit Thymian bestreut servieren.

ZUM VERWECHSELN ÄHNLICH

Pastinake oder Petersilienwurzel – wer kann sie auf den ersten Blick schon unterscheiden? Da hilft nur der Geschmackstest: Die etwas größere Pastinake schmeckt eher nussig und leicht süßlich, die schmalere Petersilienwurzel ist dagegen würziger im Aroma. Beide lassen sich super mit Kartoffeln und Möhren kombinieren und gegeneinander austauschen.

Mit den Laugen-
Croûtons von Seite 182
wird der Stampf
noch deftiger

1
2
3
3 x
Risotto

1

SPINAT-RISOTTO

mit Laugen-Croûtons

FÜR 4 PORTIONEN

1 Zuerst **2 Schalotten** schälen und fein würfeln. **40 g Parmesan** fein reiben. **1 l Gemüsebrühe** erhitzen. In einem Topf **50 g Butter** zerlassen, Schalotten bei mittlerer Hitze ca. 2 Minuten darin andünsten. **200 g Risottoreis** zufügen und kurz unter Rühren mitdünsten. **100 ml Weißwein** zugeben und bei starker Hitze einkochen lassen. Mit etwas Brühe aufgießen, sodass der Reis knapp bedeckt ist. Risotto unter häufigem Rühren ca. 20 Minuten garen, dabei nach und nach Brühe hinzugeben.

2 Inzwischen **1 rote Zwiebel** und **1 Knoblauchzehe** schälen. Zusammen mit **40 g getrockneten Tomaten, 1 Handvoll Basilikum** und **1 EL Kapern** klein hacken. Mit **2 EL Olivenöl** und **1 EL Zitronensaft** vermengen, mit **Salz** und **Pfeffer** abschmecken und beiseitestellen. **2 Laugenbrötchen** klein würfeln. In **6–8 EL Sonnenblumenöl** bei mittlerer Hitze goldbraun anrösten, auf Küchenpapier abtropfen lassen und salzen.

3 Dann **250 g Babyspinat** putzen, waschen, trocken schleudern. Mit **30 g Butter, 1 EL Crème fraîche** und dem geriebenen Parmesan unter das Risotto mischen. Mit Salz und Pfeffer würzen, dann ca. 2 Minuten ziehen lassen. Mit Tomaten-Mix und Croûtons servieren.

Zubereitung ca. 30 Minuten
Pro Portion ca. 729 kcal, 13 g E, 49 g F, 56 g KH

2

SPARGEL-RISOTTO

mit Balsamico-Schalotten

FÜR 4 PORTIONEN

1 Zuerst **2 Schalotten** schälen und fein würfeln. **40 g Parmesan** fein reiben. **1 l Gemüsebrühe** erhitzen. In einem Topf **50 g Butter** zerlassen, Schalotten bei mittlerer Hitze ca. 2 Minuten darin andünsten. **200 g Risottoreis** zufügen und kurz unter Rühren mitdünsten. **100 ml Weißwein** zugießen und bei starker Hitze einkochen lassen. Mit etwas Brühe aufgießen, sodass der Reis knapp bedeckt ist. Risotto unter häufigem Rühren ca. 20 Minuten garen, dabei nach und nach Brühe angießen.

2 Inzwischen **250 g grünen Spargel** putzen, im unteren Drittel schälen. Spargel in kleine Stücke schneiden. **10 Schalotten** schälen. **2 EL Olivenöl** erhitzen. Schalotten ca. 5 Minuten darin anbraten. **2 EL Zucker, 60 ml Aceto Balsamico** und ca. 60 ml Wasser hinzufügen. Alles aufkochen und die Flüssigkeit sirupartig einkochen. Ganze Schalotten mit **1 TL Thymian, Salz** und **Pfeffer** würzen.

3 Spargel ca. 5 Minuten vor Garzeitende unter das Risotto heben. **30 g Butter, 1 EL Crème fraîche** und den geriebenen Parmesan unter das Risotto mischen. Mit Salz und Pfeffer würzen, dann ca. 2 Minuten ziehen lassen und mit Balsamico-Schalotten servieren.

Zubereitung ca. 30 Minuten
Pro Portion ca. 690 kcal, 15 g E, 47 g F, 50 g KH

3

ERBSEN-RISOTTO

mit Radicchio-Pesto

FÜR 4 PORTIONEN

1 Zuerst **2 Schalotten** schälen und fein würfeln. **60 g Parmesan** fein reiben. **1 l Gemüsebrühe** erhitzen. In einem Topf **50 g Butter** zerlassen, Schalotten bei mittlerer Hitze ca. 2 Minuten darin andünsten. **200 g Risottoreis** zufügen und kurz unter Rühren mitdünsten. **100 ml Weißwein** zugießen und bei starker Hitze einkochen lassen. Mit etwas Brühe aufgießen, sodass der Reis knapp bedeckt ist. Risotto unter häufigem Rühren ca. 20 Minuten garen, dabei nach und nach Brühe angießen.

2 Inzwischen **1 Radicchio** vierteln, Strunk entfernen und Blätter klein schneiden. **20 g Pinienkerne** ohne Fett in einer Pfanne anrösten. **1 Knoblauchzehe** schälen und grob hacken. Alle vorbereiteten Zutaten mit 20 g geriebenem Parmesan, **je 1 Handvoll Basilikum-** und **Petersilienblättern, ½ TL Bio-Zitronenschale** und **60–80 ml Olivenöl** rasch grob bis fein pürieren. Mit **Salz** und **Pfeffer** abschmecken.

3 Ca. 5 Minuten bevor das Risotto gar ist, **250 g TK-Erbsen** (aufgetaut) unterrühren. **30 g Butter, 1 EL Crème fraîche** und den restlichen Parmesan unter das Risotto mischen. Mit Salz und Pfeffer würzen, dann ca. 2 Minuten ziehen lassen und mit Pesto servieren.

Zubereitung ca. 30 Minuten
Pro Portion ca. 547 kcal, 13 g E, 30 g F, 55 g KH

Kurz & knackig

Das Schöne an Pfannengerichten: Sie sind schnell gemacht und schonen das Gemüse. Denn durch das kurze Erhitzen bleiben neben den Vitaminen auch die Aromen erhalten. So auch beim Spargel: Kurz gebraten bewahren sowohl die grünen als auch die weißen Stangen ihr volles Aroma und bleiben schön knackig.

Wok & Pfanne

HEIß UND KNUSPRIG

Pfannenwender aufgepasst! Denn jetzt heißt es „hoch die Temperaturen und schön anbraten". Mit köstlichen Röstaromen schmeckt Gemüse nämlich gleich noch mal so gut. Ob als Blumenkohlbratling oder knuspriges Veggie-Schnitzel, ob als Kurzgebratenes aus dem Wok oder kreative Resteküche mit Omelett, Tortilla & Co. – hier gibt es für jeden Tag Köstliches direkt aus der Pfanne oder aus dem Wok!

Grüner Spargel lässt
Genießerherzen höherschlagen.
In dieser Frittata ist er der Star:
SPARGEL-
FRITTATA
edeka.de/spargel-frittata.jsp

PAPRIKA-FRITTATA

mit Feta und Olivenpesto

FÜR 4 PORTIONEN

Für die Frittata:

4	**Paprikaschoten (gelb, rot und orange)**
2	**Zwiebeln**
2	**Knoblauchzehen**
250 g	**Feta**
1 Handvoll	**Oregano**
½ Bund	**glatte Petersilie**
5	**Eier (Größe M)**
150 g	**Schlagsahne**
100 ml	**Milch**
	Salz, Pfeffer
4 EL	**Sonnenblumenöl**

Für das Pesto:

40 g	**Parmesan**
220 g	**schwarze Kalamata-Oliven**
½ Bund	**glatte Petersilie**
½ Bund	**Basilikum**
20 g	**Mandeln (ohne Schale)**
3 EL	**Olivenöl**
1 EL	**Rotweinessig**
	Salz, Pfeffer

Zubereitung ca. 35 Minuten
Pro Portion ca. 878 kcal, 29 g E, 74 g F, 14 g KH

1 Den Backofen auf 200 Grad (Umluft 180) vorheizen. Die Paprikaschoten vierteln, Kerne und Strünke entfernen und dann in fingerdicke Scheiben schneiden. Zwiebeln und Knoblauch schälen. Zwiebeln in Streifen schneiden, Knoblauch grob hacken. Den Feta zerbröseln. Oregano- und Petersilienblättchen abzupfen und grob hacken. Eier mit Sahne, Milch und der Hälfte des Fetas pürieren. Mit Salz und Pfeffer würzen.

2 Das Sonnenblumenöl in einer ofenfesten, beschichteten Pfanne erhitzen. Paprika, Zwiebeln und Knoblauch darin bei mittlerer bis starker Hitze ca. 3 Minuten anbraten. Die Eiermasse in die Pfanne gießen und ca. 2 Minuten bei schwacher Hitze stocken lassen. Kräuter und restlichen Feta darüberstreuen und im Ofen 12 Minuten backen.

3 Währenddessen für das Pesto den Parmesan fein reiben. Die Oliven entsteinen und mit Petersilie, Basilikum und Mandeln grob bis fein hacken. Alles mit Olivenöl und Essig verrühren. Mit Salz und Pfeffer würzen. Frittata aus dem Ofen nehmen, kurz ruhen lassen und mit dem Olivenpesto servieren.

RÖSCHEN STATT SCHOTE

Die Paprikaschoten können Sie auch durch Brokkoli ersetzen. 600 g Brokkoli putzen, in Röschen teilen und in etwas Salzwasser ca. 3 Minuten blanchieren, abgießen und abschrecken. Dann wie die Paprika im Rezept mit Knoblauch und Zwiebeln anbraten. Wenn es fix gehen soll, können Sie auch TK-Brokkoli verwenden. Die Röschen antauen lassen und wie oben beschrieben verwenden.

SPAGHETTI-OMELETT

mit Spinat

FÜR 4 PORTIONEN

300 g	**Spaghetti**
	Salz, Pfeffer
100 ml	**Frittieröl**
1 Handvoll	**Rucola oder Basilikumblätter**
120 g	**fester Blauschimmelkäse**
1	**Tomate**
2	**Knoblauchzehen**
100 g	**Babyspinat**
8	**Eier (Größe M)**
5 EL	**Crème fraîche**
4 EL	**Olivenöl**

Zubereitung ca. 40 Minuten
Pro Portion ca. 366 kcal, 13 g E, 26 g F, 19 g KH

1 Die Spaghetti in reichlich Salzwasser bissfest kochen. Abgießen, abschrecken und etwas abkühlen lassen. Das Frittieröl in einem Topf auf ca. 180 Grad erhitzen. Steigen an einem Holzstäbchen Bläschen auf, wenn man es eintaucht, ist das Fett heiß genug. Dann die Rucola- bzw. Basilikumblätter portionsweise im Öl knusprig frittieren. Die Blätter auf Küchenpapier abtropfen lassen.

2 Den Blauschimmelkäse grob zerteilen. Die Tomate würfeln. Die Knoblauchzehen schälen und hacken. Den Spinat waschen und trocken schütteln. Die Eier trennen. Eiweiße mit einer Prise Salz steif schlagen. Eigelbe mit der Crème fraîche verrühren und kräftig mit Salz und Pfeffer würzen.

3 Zwei Pfannen erhitzen. Je 1 EL Olivenöl, ein Viertel der Spaghetti und des Knoblauchs hineingeben. 2-3 Minuten knusprig braten. Je ein Viertel des Spinats und des Käses hinzugeben. Den Spinat kurz zusammenfallen lassen. Eischnee unter die Eigelbmasse heben. Je ein Viertel der Masse auf den Spinat geben. Zugedeckt bei mittlerer Hitze ca. 4-5 Minuten stocken lassen. Omeletts dann vorsichtig mithilfe eines Tellers wenden und 1-2 Minuten weitergaren. Fertige Omeletts warm halten. Den Vorgang wiederholen und zwei weitere Omeletts aus den restlichen Zutaten herstellen. Omeletts mit Tomaten und den frittierten Kräutern belegt servieren.

DA WAR NOCH WAS

Ob Penne, Bandnudeln oder Farfalle – wer noch Nudeln vom Vortag hat, kann statt der Spaghetti auch jede andere Pasta für die Omeletts verwenden. Dann ändert sich aber die Mengenangabe: 300 Gramm rohe entsprechen ungefähr 600 Gramm gekochten Nudeln.

Mit Pilzen und Radieschen macht dieses Gericht satt und ist fix auf dem Teller:

OMELETT MIT CHAMPIGNONS

edeka.de/omelette-mit-champignons.jsp

KRÄUTER-PFANN-KUCHEN

mit grünem Spargel

FÜR 4 PORTIONEN

½ Bund	**Schnittlauch**
½ Bund	**Dill**
½ Bund	**glatte Petersilie**
2	**Eier (Größe M)**
150 g	**Mehl**
450 ml	**Milch**
½ TL	**Kurkuma**
600 g	**grüner Spargel**
400 g	**bunte Tomaten**
50 g	**Parmesan**
8 TL	**Sonnenblumenöl**
	Salz, Pfeffer
1 Handvoll	**Kräuter (z. B. Petersilie, Thymian, Dill)**

Zubereitung ca. 40 Minuten
Pro Portion ca. 444 kcal, 20 g E, 23 g F, 39 g KH

1 Für die Pfannkuchen Schnittlauch, Dill und Petersilie hacken. Die Eier mit Mehl, Milch und Kurkuma zu einem glatten Teig verrühren. Die gehackten Kräuter unterheben. Den Backofen auf 60 Grad Ober-/Unterhitze vorheizen.

2 Die Spargelenden abschneiden und das untere Drittel der Stangen schälen. Spargel längs halbieren und in kochendem Wasser ca. 1 Minute blanchieren. Spargel abgießen und abschrecken. Die Tomaten waschen und in Spalten schneiden. Den Parmesan fein reiben.

3 Aus dem Teig in einer beschichteten Pfanne nacheinander 8 dünne Pfannkuchen backen. Dafür jeweils 1 TL Öl erhitzen, jeweils ein Achtel der Masse hineingeben und von beiden Seiten goldbraun backen. Fertige Pfannkuchen im Ofen warm halten.

4 Die warmen Pfannkuchen mit Spargel und Tomaten belegen, mit Salz und Pfeffer würzen. Pfannkuchen etwas zuklappen, mit Parmesan und Kräutern bestreut servieren.

PAPRIKA-TOMATEN-SHAKSHUKA

mit Ei

FÜR 4 PORTIONEN

2	**Paprikaschoten (gelb und orange)**
1	**große Zwiebel**
2	**Knoblauchzehen**
3 EL	**Olivenöl**
2 EL	**Tomatenmark**
½–1 TL	**Harissa**
½ TL	**gemahlener Kreuzkümmel**
2 Dosen	**stückige Tomaten (je à 240 g Abtropfgewicht)**
	Salz, Pfeffer
2	**Eier (Größe M)**
1 Handvoll	**Petersilie oder Koriander**

Zubereitung ca. 30 Minuten
Pro Portion ca. 179 kcal, 6 g E, 13 g F, 9 g KH

30

Noch mehr Rot! Rote Bete und Tomaten glänzen hier mit herzhaft-fruchtigem Geschmack:

ROTE-BETE-SHAKSHUKA

edeka.de/rote-bete-shakshuka.jsp

1 Die Paprikaschoten waschen, vierteln, Kerne und Strünke entfernen, dann in Würfel schneiden. Die Zwiebel schälen und in Streifen schneiden. Den Knoblauch schälen und fein hacken. Das Olivenöl in einer großen Pfanne erhitzen. Paprika, Zwiebeln und Knoblauch darin ca. 3 Minuten braten. Tomatenmark, Harissa und Kreuzkümmel hinzugeben und kurz mitbraten.

2 Die stückigen Tomaten in die Pfanne geben und alles einmal aufkochen lassen. Mit Salz und Pfeffer würzen und bei mittlerer Hitze offen ca. 10 Minuten dicklich einkochen lassen.

3 Die Eier einzeln in einer Tasse aufschlagen. Danach in die Shakshuka zwei Vertiefungen drücken. Die Eier hineingleiten lassen und zugedeckt bei mittlerer Hitze ca. 8 Minuten stocken lassen. Die Shakshuka mit Petersilie oder Koriander bestreuen und in der Pfanne servieren. Dazu schmeckt Pitabrot.

PAD THAI

mit eingelegtem Rettich

FÜR 4 PORTIONEN

Für den Rettich:

- 40 g **Zucker**
- 4 EL **Essig**
- 80 ml **Rote-Bete-Saft**
- 1 TL **Salz**
- 250 g **weißer Rettich**

Für die Nudeln:

- 400 g **Reisnudeln**
- 400 g **Tofu natur**
- 250 g **Möhren**
- 1 Bund **Lauchzwiebeln**
- 125 g **Zuckerschoten**
- 150 g **Brokkoli**
- 1 Bund **Koriander**
- 100 g **geröstete Erdnüsse**
- 4 EL **Erdnussöl**
- 1 **Bio-Limette**
- 100 g **Mungobohnensprossen**

Für die Sauce:

- 3 EL **Reisessig**
- 5 EL **Sojasauce**
- 5 EL **Rohrohrzucker**
- 1 TL **Chilisauce**

Zubereitung ca. 30 Minuten + 1 Stunde Marinierzeit
Pro Portion ca. 932 kcal, 26 g E, 31 g F, 133 g KH

1 In einem Topf 100 ml Wasser mit Zucker, Essig, Rote-Bete-Saft und Salz erwärmen, bis der Zucker sich aufgelöst hat. Den Rettich schälen und in feine Scheiben hobeln. Die Scheiben mit dem warmen Sud übergießen und ca. 1 Stunde ziehen lassen.

2 Die Nudeln ca. 30 Minuten in warmes Wasser legen, anschließend abgießen. Den Tofu in Würfel schneiden. Die Möhren schälen. Lauchzwiebeln und Zuckerschoten putzen. Den Brokkoli waschen und in kleine Röschen teilen. Möhren und Lauchzwiebeln in dünne Scheiben schneiden. Korianderblättchen abzupfen. Erdnüsse hacken oder im Mörser zerstoßen. Für die Sauce Essig, Sojasauce, Zucker und Chilisauce verrühren.

3 Das Erdnussöl im Wok erhitzen. Zuerst den Tofu ca. 2 Minuten darin rundherum goldbraun anbraten. Den Brokkoli hinzufügen und 4 Minuten mitbraten. Dabei gut rühren. Möhren, Lauchzwiebeln, Zuckerschoten und Nudeln dazugeben, mit der Sauce ablöschen und weitere 2 Minuten unter Rühren braten.

4 Die Limette heiß abwaschen, abtrocknen und in Spalten schneiden. Die Sprossen abspülen und trocken tupfen. Einen Großteil des Korianders und die Sprossen unter das Pad Thai heben. Mit den Erdnüssen und dem restlichen Koriander bestreuen. Pad Thai mit Rettich und Limette servieren.

EINFACH MAL MISCHEN

Bratnudeln gibt es in Thailand in jeder Garküche und in jedem Restaurant in unendlich vielen Variationen. Probieren Sie das Rezept doch auch mal mit Blumenkohl statt Brokkoli und mit Pak Choi statt der Zuckerschoten. Hier schmeckt jede Mischung.

PAPRIKA-WOK-GEMÜSE

mit Mangosalat

FÜR 4 PORTIONEN

Für den Salat:

1 EL	**Sesam**
1	**Mango**
2	**Lauchzwiebeln**
½ Bund	**Koriander**
1 EL	**Agavendicksaft**
1 TL	**heller Balsamicoessig**
1 TL	**brauner Zucker**

Außerdem:

250 g	**Jasminreis**
	Salz

Für das Wokgemüse:

3	**rote Paprikaschoten**
250 g	**Bio-Salatgurke**
3	**Zwiebeln**
2	**Knoblauchzehen**
30 g	**Ingwer**
1	**rote Peperoni**
4 EL	**Erdnussöl**
6–8 EL	**Sojasauce**
1 geh. EL	**Zucker**

Zubereitung ca. 55 Minuten + 30 Minuten Marinierzeit
Pro Portion ca. 495 kcal, 12 g E, 16 g F, 76 g KH

1 Den Sesam in einer Pfanne ohne Öl goldbraun anrösten. Die Mango schälen, das Fruchtfleisch vom Kern lösen und in Würfel schneiden. Die Lauchzwiebeln putzen und schräg in Streifen schneiden. Korianderblättchen abzupfen und sehr grob hacken. Alles zusammen mit Agavendicksaft, hellem Balsamicoessig und Zucker gut vermengen. Den Mangosalat ca. 30 Minuten ziehen lassen.

2 Inzwischen den Reis nach Packungsanleitung in Salzwasser kochen und warm halten. Währenddessen Paprikaschoten vierteln, Kerne und Strünke entfernen und in ca. 2 cm große Stücke schneiden. Die Gurke in ca. 3 cm lange Stifte schneiden. Die Zwiebeln schälen und würfeln. Knoblauch und Ingwer schälen und zusammen mit der Peperoni fein reiben.

3 Das Erdnussöl in einem Wok erhitzen. Zwiebeln mit dem Knoblauch-Ingwer-Peperoni-Mix ca. 2 Minuten scharf anbraten. Die Paprika hinzufügen und weitere 2 Minuten braten. Mit Sojasauce und Zucker ablöschen, dann ca. 1 Minute köcheln lassen. Gurken dazugeben, zweimal durchschwenken und vom Herd nehmen. Wokgemüse mit Reis und Mangosalat servieren.

PAK-CHOI-WOK-GEMÜSE

mit Mie-Nudeln

FÜR 4 PORTIONEN

- 250 g **Mie-Nudeln**
- 150 g **gelbe Möhren**
- 3 **rote Zwiebeln**
- 4 **Paprikaschoten (rot, gelb, grün und orange)**
- 150 g **Staudensellerie**
- 500 g **Pak Choi**
- 30 g **Ingwer**
- 3 **Knoblauchzehen**
- 1 **Chilischote**
- 40 ml **Sojasauce**
- 1 EL **Zucker**
- 1 EL **Honig**
- 30 g **geröstete Erdnüsse**
- 30 g **geröstete Cashewnüsse**
- 3 EL **Sonnenblumenöl**

Zubereitung ca. 30 Minuten
Pro Portion ca. 501 kcal, 15 g E, 19 g F, 77 g KH

30

Mach's vegan!
Den Honig durch 1 EL Zucker oder Agavendicksaft ersetzen.

1 Die Nudeln nach Packungsanweisung zubereiten. Die Möhren und die Zwiebeln schälen. Die Paprikaschoten waschen, halbieren, Kerne und Strünke entfernen. Sellerie putzen und alles zusammen in längliche Stifte schneiden. Den Pak Choi putzen und in mundgerechte Stücke schneiden.

2 Ingwer und Knoblauch schälen und mit der Chilischote fein hacken. Alles mit Sojasauce, Zucker, Honig und 40 ml Wasser verrühren. Erdnüsse und Cashewkerne grob hacken.

3 Das Öl in einem Wok erhitzen. Zuerst das Gemüse darin bei starker Hitze unter ständigem Rühren ca. 3 Minuten anbraten. Gemüse aus dem Wok nehmen. Die Sojasaucenmischung und die Hälfte der gehackten Nüsse in den Wok geben, kurz aufkochen, die Nudeln hineingeben und zweimal durchschwenken. Dann das Gemüse wieder dazugeben, noch einmal durchschwenken. Sofort mit den restlichen Nüssen servieren.

BOHNEN-PFANNE

mit Chili-Tomaten-Salsa

FÜR 4 PORTIONEN

Für die Bohnenpfanne:

4	**rote Zwiebeln**
80 ml	**Rotweinessig**
1 Dose	**weiße Bohnen (250 g Abtropfgewicht)**
1 Dose	**Kidneybohnen (265 g Abtropfgewicht)**
400 g	**grüne Bohnen**
2	**Knoblauchzehen**
3	**Lauchzwiebeln**
3 EL	**Sonnenblumenöl**
1 EL	**Fenchelsamen**
1 EL	**gemahlenen Kreuzkümmel**
	Salz, Pfeffer

Für die Salsa:

400 g	**Tomaten**
1	**Chilischote**
1 Bund	**Rucola**
3 EL	**Olivenöl**

Außerdem:

4	**Pitabrote**
etwas	**Thymian zum Bestreuen**

Zubereitung ca. 40 Minuten
Pro Portion ca. 501 kcal, 20 g E, 76 g F, 38 g KH

1 Für die Bohnenpfanne die Zwiebeln schälen, in Ringe schneiden und zusammen mit dem Essig in eine Schale geben. Mit 180 ml kochendem Wasser übergießen und beiseitestellen. Weiße Bohnen und Kidneybohnen abgießen, gründlich abbrausen und abtropfen lassen. Die grünen Bohnen putzen. Knoblauch schälen und fein hacken. Lauchzwiebeln putzen und in ca. 3 cm lange Stifte schneiden.

2 Den Backofen auf 180 Grad (Umluft 160) vorheizen. Grüne Bohnen in kochendem Salzwasser ca. 5 Minuten kochen, abgießen und kalt abschrecken. Sonnenblumenöl in einer großen beschichteten Pfanne erhitzen. Knoblauch und Lauchzwiebeln darin bei mittlerer bis starker Hitze ca. 2 Minuten anbraten. Kidneybohnen, weiße Bohnen, Fenchelsamen und Kreuzkümmel dazugeben und ca. 5 Minuten mitbraten. Grüne Bohnen zufügen und weitere 2 Minuten braten. Dann mit Salz und Pfeffer würzen.

3 Das Pitabrot im Ofen erwärmen. Für die Salsa die Tomaten waschen, putzen und mitsamt der Chili fein würfeln. Rucola putzen, waschen, trocken schleudern und grob hacken. Mit Tomaten, Chili und Olivenöl vermischen. Mit Salz und Pfeffer würzen. Die Zwiebeln abgießen. Thymianblättblättchen abzupfen. Bohnenpfanne mit Thymian bestreuen und mit Chili-Tomaten-Salsa, eingelegten Zwiebeln und warmem Pitabrot servieren.

WIR WÄR'S MIT MAIS?

Gerade keine Kidney- oder weißen Bohnen im Vorrat? Macht nichts! Dafür steht bei Ihnen bestimmt noch eine Dose Mais im Schrank. Einfach gegen die fehlende Hülsenfrucht tauschen und wie oben beschrieben verwenden.

YUM TAM TAM
Mit dieser bunten Gemüse-
pfanne kommt mediterranes
Feeling auf den Tisch:
RATATOUILLE
yumtamtam.de/
ratatouille/

PILZ-PFANNE

mit Kräuterbaguette

FÜR 4 PORTIONEN

Für das Baguette:

2	**Knoblauchzehen**
½ Bund	**Schittlauch**
½ Bund	**Petersilie**
20 g	**Parmesan**
175 g	**Butter**
	Salz, Pfeffer
1	**Baguette**

Für die Pilzpfanne:

3	**Zwiebeln**
250 g	**Lauch**
800 g	**braune Champignons**
2 EL	**Thymian**
½ Bund	**Petersilie**
1 EL	**Oregano**
30 g	**Parmesan**
4 EL	**Sonnenblumenöl**
1 EL	**Butter**
250-300 g	**Schmand**
	Salz, Pfeffer

Zubereitung ca. 40 Minuten
Pro Portion ca. 929 kcal, 22 g E, 76 g F, 38 g KH

RICHTIG AUFHEIZEN

Öl und Pfanne sollten richtig heiß sein, bevor Sie die Pilze hineingeben. So tritt weniger Wasser aus, und sie werden nicht so weich.

1 Den Backofen auf 200 Grad (Umluft 180) vorheizen. Den Knoblauch schälen und mit Schnittlauch und Petersilie fein hacken. Den Parmesan fein reiben. Kräuter und Parmesan mit der Butter gut vermengen. Butter mit Salz und Pfeffer würzen. Das Baguette der Länge nach durchschneiden und mit der Kräuterbutter bestreichen.

2 Die Zwiebeln schälen und fein würfeln. Den Lauch putzen und in fingerdicke Ringe schneiden. Die Pilze mit Küchenpapier oder einer Pilzbürste putzen und je nach Größe vierteln oder halbieren. Thymian, Petersilie und Oregano grob hacken. Parmesan grob reiben.

3 Die Baguettehälften 5-8 Minuten im Ofen erwärmen. Währenddessen das Öl in einer großen beschichteten Pfanne erhitzen. Pilze, Zwiebeln und Lauch darin bei starker Hitze ca. 4 Minuten unter ständigem Rühren anbraten, dann die Pfanne vom Herd nehmen. Butter, Kräuter, Parmesan und Schmand unterrühren. Pilzpfanne mit Salz und Pfeffer würzen und mit dem warmen Kräuterbaguette servieren.

BRAT-KARTOFFELN

mit Kräuterquark

FÜR 4 PORTIONEN

Für die Kartoffeln:

1,2 kg	**Drillinge (oder kleine Kartoffeln)**
	Salz, Pfeffer
3	**Zwiebeln**
2	**Lauchzwiebeln**
150 g	**Staudensellerie**
5 EL	**Sonnenblumenöl**
1 EL	**Butter**

Für den Quark:

400 g	**Quark**
50 g	**Schlagsahne**
1 Bund	**Schnittlauch**
1 TL	**Zitronenthymian**
1 Handvoll	**glatte Petersilie + einige Blätter zum Bestreuen**
	Salz, Pfeffer

Zubereitung ca. 45 Minuten
Pro Portion ca. 545 kcal, 21 g E, 27 g F, 52 g KH

1 Die Kartoffeln gründlich waschen und abbürsten, dann ca. 10 Minuten in Salzwasser kochen. Anschließend abgießen, etwas ausdampfen lassen und längs halbieren.

2 Die Zwiebeln schälen und in Streifen schneiden. Lauchzwiebeln putzen und grob hacken. Die Selleriestangen schräg in dünne Scheiben schneiden. Das Öl mit der Butter in einer großen beschichteten Pfanne erhitzen. Kartoffeln, Zwiebeln, Lauchzwiebeln und Sellerie darin bei mittlerer bis starker Hitze ca. 15 Minuten goldbraun und knusprig anbraten. Mit Salz und Pfeffer würzen.

3 Währenddessen den Quark mit der Sahne verrühren. Schnittlauch, Thymian und Petersilie klein hacken. Den Quark mit den Kräutern verrühren und mit Salz und Pfeffer abschmecken. Die Bratkartoffeln mit dem Kräuterquark servieren. Nach Belieben mit Petersilienblättern bestreuen.

Baukasten:

BRATLINGE

Ob Getreide, Bohnen oder Kartoffeln – ein guter Bratling hat eine solide Basis, die von buntem Gemüse, spannender Würze und Kräutern unterstützt wird. Diese drei Varianten können einen gepflegten Soloauftritt hinlegen, doch spektakulärer wird's mit kreativer Unterstützung.

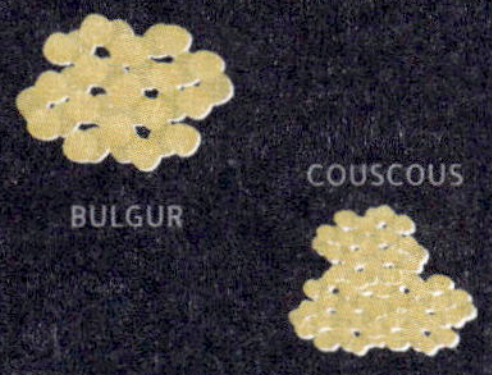

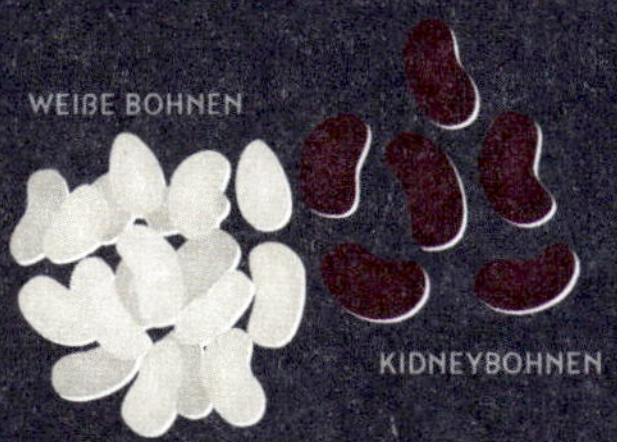

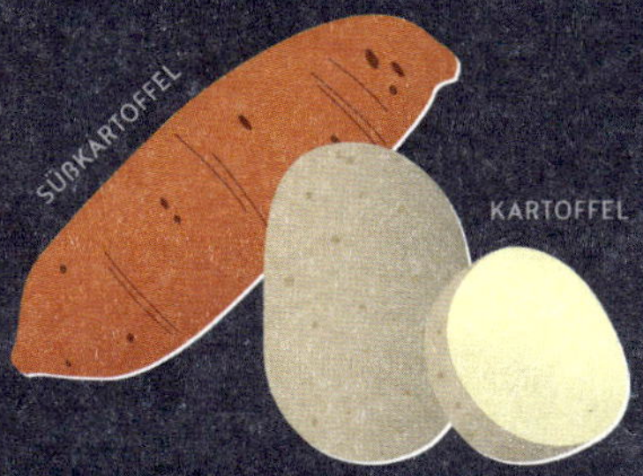

Getreide-Basis

FÜR 4 STÜCK

1 Zunächst **125 g Couscous** (oder Bulgur) mit **250 ml kochender Gemüsebrühe** übergießen und ca. 15 Minuten quellen lassen. **125 g Gemüse** (z. B. Möhren) schälen und fein raspeln. **1 Bund Kräuter** (z. B. Schnittlauch) klein schneiden. **40 g ganze Mandeln** klein hacken.

2 Getreide mit Gemüse, Kräutern, Mandeln, **2 Eiern** (Größe M) und **Würze nach Belieben** (z. B. Ketchup) in eine Schüssel geben. Mit **1–2 EL Mehl** vermengen, mit **Salz** und **Pfeffer** würzen und verkneten. Die Masse ca. 15 Minuten ruhen lassen.

Zubereitung ca. 25 Minuten
+ 15 Minuten Ruhezeit
Pro Stück ca. 292 kcal, 11 g E, 15 g F, 30 g KH

Bohnen-Basis

FÜR 4 STÜCK

1 Zunächst **1 Dose Bohnen** (265 g Abtropfgewicht) abgießen, abspülen und abtropfen lassen. **1 rote Zwiebel** und **1 Knoblauchzehe** schälen und fein würfeln. **½ Bund Kräuter** (z. B. Petersilie) hacken. **50 g Gemüse** (z. B. getrocknete Tomaten) grob hacken. **1 EL Olivenöl** erhitzen. Zwiebeln und Knoblauch darin andünsten, dann herausnehmen.

2 Die Bohnen mit dem Kartoffelstampfer zerdrücken. Zwiebeln, Knoblauch, **Würze nach Belieben** (z. B. Senf), Gemüse, Kräuter, **20 g Semmelbrösel** und **1 Ei** (Größe M) hinzugeben. Alles gut miteinander mischen. Mit **Salz** und **Pfeffer** würzen und ca. 20 Minuten ruhen lassen.

Zubereitung ca. 15 Minuten
+ 20 Minuten Ruhezeit
Pro Stück ca. 222 kcal, 10 g E, 12 g F, 15 g KH

Kartoffel-Basis

FÜR 4 STÜCK

1 Zunächst **500 g Kartoffeln** schälen und in Salzwasser ca. 20 Minuten kochen. Dann abgießen und ausdampfen lassen. **1 Zwiebel** schälen und fein reiben. **50 g Gemüse** (z. B. Babyspinat) waschen, trocken schütteln und hacken. **½ Bund Kräuter** (z. B. Basilikum) klein schneiden.

2 Die Kartoffeln mit einem Stampfer zerdrücken. Zwiebel, Gemüse, Kräuter, **125 g Ricotta**, **1 Ei** (Größe M), **30 g blütenzarte Haferflocken** und **Würze nach Belieben** (z. B. Parmesan) hinzugeben und alles gut vermischen. Mit **Salz** und **Pfeffer** würzen und 15 Minuten ruhen lassen.

Zubereitung ca. 30 Minuten
+ 15 Minuten Ruhezeit
Pro Stück ca. 253 kcal, 8 g E, 12 g F, 27 g KH

Würze

Im Kühlschrank oder in der Vorratskammer findet sich ganz bestimmt noch eine Extraportion Pep. Hier darf alles nach Herzenslust verwendet werden. Sanft geraspelt, fein gehackt oder teelöffelweise – falls der Teig allerdings durch flüssige Zutaten zu weich wird, nach Bedarf noch Mehl, Semmelbrösel oder Haferflocken hinzugeben.

Gemüse

Welches Gemüse darf's heute sein: Möhren, Mais, Erbsen …? Werden Sie kreativ. Ein oder zwei Sorten kommen jeder Bratling-Basis zugute. Die Gesamtmenge, jeweils nach Rezept, wird roh klein geraspelt oder gehackt. Sie wird dann vor dem Braten in die Bratlingmasse mit eingearbeitet.

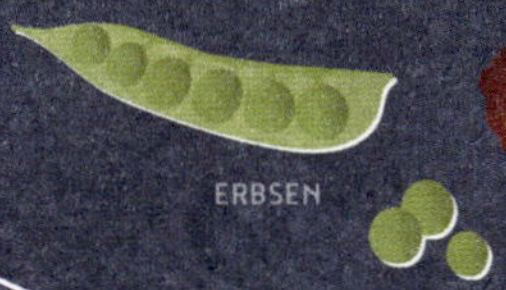

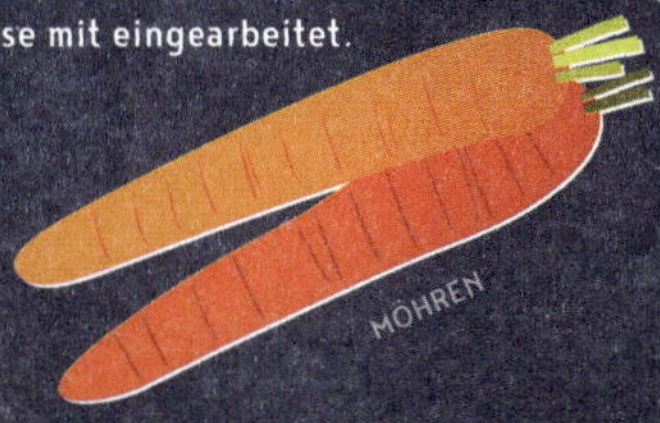

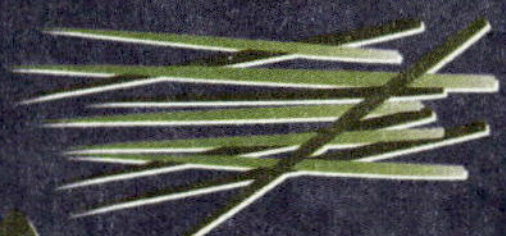

Kräuter

Ein wenig Schärfe mit Schnittlauch, mediterranes Flair mit Oregano und Rosmarin oder Asia-Feeling mit Koriander und Minze: 1–2 EL klein gehackte und in die Basis geknetete klassische Kräuter(paare) machen sich ebenso gut wie ungewöhnliche Kombinationen.

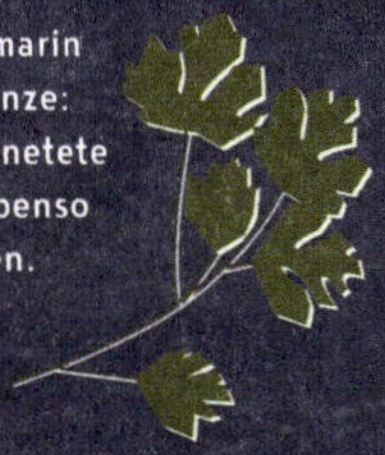

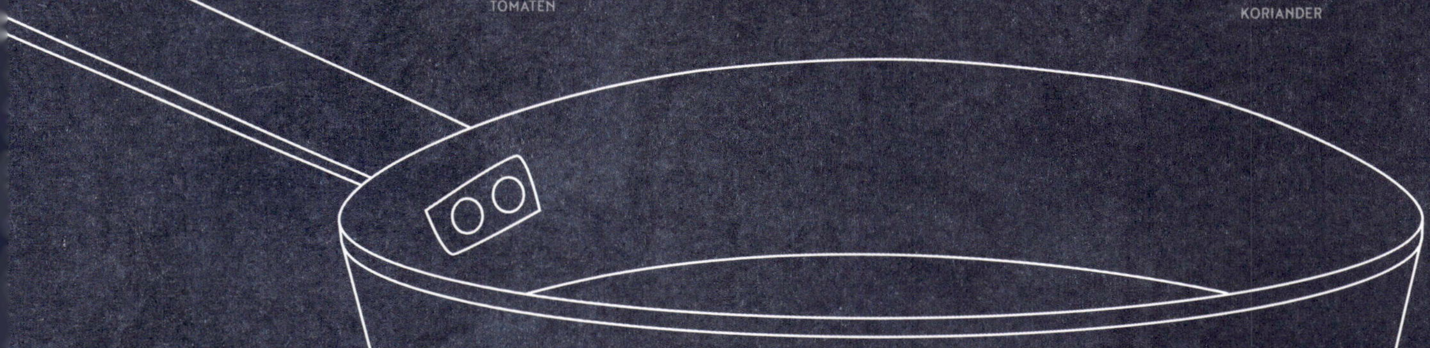

Braten

2 EL Sonnenblumenöl in der Pfanne erhitzen. Mit angefeuchteten Händen aus der Masse 4 Bratlinge formen und von beiden Seiten je 4–5 Minuten goldbraun braten.

STECKRÜBEN-BRATLINGE

mit Apfelsauerkraut und Kartoffelstampf

FÜR 4 PORTIONEN

Für die Bratlinge:

500 g	**Kartoffeln, mehligkochend**
	Salz, Pfeffer
400 g	**Steckrüben**
100 g	**Bergkäse**
1	**Ei (Größe M)**
80 g	**Paniermehl**
1 Bund	**Schnittlauch**

Für den Kartoffelstampf:

1,2 kg	**Kartoffeln, mehligkochend**
	Salz, Pfeffer
100 g	**Butter**
120 ml	**Milch**

Für das Sauerkraut:

3	**Schalotten**
1	**großer Apfel**
1 Dose	**Sauerkraut (385 g Abtropfgewicht)**
6 EL	**Sonnenblumenöl**
50 ml	**Gemüsebrühe**
50 g	**Schlagsahne**
	Salz, Pfeffer
150 g	**Schmand**
1 TL	**Kümmel**

Zubereitung ca. 1 Stunde + 30 Minuten Kühlzeit
Pro Portion ca. 1.037 kcal, 25 g E, 60 g F, 100 g KH

1 Für die Bratlinge die Kartoffeln waschen, gründlich abbürsten und ca. 20 Minuten in Salzwasser kochen. Dann abgießen, ausdampfen lassen, schälen und grob reiben. Anschließend die Steckrüben schälen und den Käse reiben. Den Schnittlauch bis auf 12 Stängel in feine Röllchen schneiden. Alles mit dem Ei und dem Paniermehl zu den Kartoffeln geben und gut vermengen. Die Masse mit Salz und Pfeffer würzen. Daraus 8–12 gleich große Bratlinge formen, auf einen Teller legen und zugedeckt ca. 30 Minuten in den Kühlschrank stellen.

2 Für den Stampf die Kartoffeln schälen, in ca. 2 cm große Stücke schneiden und in Salzwasser ca. 20 Minuten kochen. Dann abgießen und mit Butter und Milch zerstampfen. Den Stampf mit Salz und Pfeffer würzen und warm halten.

3 Die Schalotten schälen und klein schneiden. Den Apfel schälen, vierteln und das Kerngehäuse entfernen. Apfel in dünne Spalten schneiden. Das Sauerkraut abgießen. 2 EL Öl in einem Topf erhitzen, Schalotten und Apfelspalten darin bei mittlerer bis starker Hitze andünsten. Sauerkraut dazugeben und unter Rühren weitere 2 Minuten anbraten. Alles mit Brühe und Sahne ablöschen, ca. 5 Minuten köcheln lassen und mit Salz und Pfeffer würzen. Den Topf vom Herd nehmen und Schmand und Kümmel unterheben. Das Sauerkraut warm halten.

4 Restliches Öl (4 EL) in einer beschichteten Pfanne erhitzen. Die Bratlinge darin ca. 3 Minuten von jeder Seite kross anbraten. Danach mit Sauerkraut und Kartoffelstampf servieren. Mit den restlichen Schnittlauchstängeln garnieren.

Etwas Schärfe für die Bratlinge spendiert der Chimichurri-Dip mit roter Paprika von Seite 185

Zu den Bratlingen schmeckt auch der Garam-Masala-Dip mit Curry von Seite 186 richtig super

BLUMENKOHL-BRATLINGE

mit Auberginenstampf und Harissa-Schmand

FÜR 4 PORTIONEN

Für den Auberginenstampf:

- 800 g **Auberginen**
- 3 EL **Olivenöl**
- 1 ½ TL **gemahlener Kreuzkümmel**
- **Salz, Pfeffer**

Für die Bratlinge:

- 600 g **Kartoffeln**
- **Salz, Pfeffer**
- 3 **Knoblauchzehen**
- 4 **Lauchzwiebeln**
- 400 g **Blumenkohl**
- ½ Bund **Koriander**
- ½ Bund **Petersilie**
- 20–30 g **blanchierte Mandeln**
- 1 **Ei (Größe S)**
- 3 EL **Mehl**
- 4–5 EL **Sonnenblumenöl**

Für den Schmand:

- 250 g **Schmand**
- ½–1 TL **Harissa**
- **Salz, Pfeffer**

Zubereitung ca. 1 Stunde 10 Minuten
+ 30 Minuten Kühlzeit
Pro Portion ca. 630 kcal, 14 g E, 45 g F, 40 g KH

1 Den Backofen auf 210 Grad (Umluft 190) vorheizen. Mit einem spitzen Messer rundherum die Auberginen einstechen und auf einem mit Backpapier belegten Backblech im vorgeheizten Ofen ca. 1 Stunde backen. Herausnehmen, Auberginen halbieren und das Fruchtfleisch mithilfe eines Löffels aus der Schale kratzen. Den Stampf mit Olivenöl, Kreuzkümmel, Salz und Pfeffer vermischen.

2 Inzwischen die Kartoffeln waschen, gründlich abbürsten und ca. 20 Minuten in gesalzenem Wasser kochen. Kartoffeln abgießen, ausdampfen lassen, pellen und grob reiben.

3 Den Knoblauch schälen, die Lauchzwiebeln putzen und den Blumenkohl in Röschen zerteilen. Alles zusammen mit Koriander, Petersilie und Mandeln grob bis fein hacken. Die Mischung mit Ei, Mehl und den geriebenen Kartoffeln gründlich vermengen. Mit Salz und Pfeffer würzen. Aus der Masse 8–12 gleich große Bratlinge formen, auf einen Teller legen und zugedeckt ca. 30 Minuten in den Kühlschrank stellen.

4 Den Schmand mit Harissa verrühren und mit Salz und Pfeffer würzen. Das Sonnenblumenöl in einer großen beschichteten Pfanne erhitzen. Bratlinge darin bei mittlerer bis starker Hitze 3–4 Minuten pro Seite kross anbraten. Anschließend mit dem Auberginenstampf und Harissa-Schmand servieren.

KLEINES FARBENSPIEL

Den Blumenkohl können Sie in den Bratlingen auch durch die gleiche Menge Brokkoli ersetzen. Der Brokkoli wird übrigens auch Spargelkohl genannt, weil er einen Stiel hat, den man mitverwenden kann und der geschmacklich an grünen Spargel erinnert.

MÖHREN-RÖSTI

mit Kräuter-Dip

FÜR 10 STÜCK

Für den Kräuter-Dip:

200 g	**Magerquark**
50 g	**Schlagsahne**
1	**rote Zwiebel**
1	**Knoblauchzehe**
2 Zweige	**Dill**
½ Bund	**Petersilie**
½ Bund	**Schnittlauch**
1 EL	**Olivenöl**
	Salz, Pfeffer

Für die Röstis:

250 g	**Kartoffeln, vorwiegend festkochend**
250 g	**Möhren**
2	**kleine rote Zwiebeln**
2 EL	**Mehl**
2	**Eier (Größe M)**
1 Prise	**geriebene Muskatnuss**
	Salz, Pfeffer
1 EL	**Rapsöl**

Zubereitung ca. 45 Minuten
Pro Stück ca. 105 kcal, 5 g E, 5 g F, 9 g KH

1 Für den Kräuter-Dip den Quark mit der Schlagsahne verrühren. Zwiebel und Knoblauch schälen und fein würfeln. Dill, Petersilie und Schnittlauch fein hacken. Etwas Schnittlauch und Dill für die Röstis beiseitelegen. Restliche Kräuter mit dem Quark und dem Olivenöl verrühren. Den Dip mit Salz und Pfeffer würzen.

2 Für die Röstis die Kartoffeln und Möhren schälen, grob raspeln und in einem Sieb 15 Minuten abtropfen lassen. Die Zwiebeln schälen und fein würfeln. Die Gemüseraspel mit dem Rest Schnittlauch, den Zwiebeln, dem Mehl und den Eiern gut vermengen. Mit Salz, Pfeffer und Muskatnuss würzen.

3 Das Rapsöl in einer beschichteten Pfanne erhitzen. Die Kartoffelmasse nun portionsweise in das heiße Fett geben und mit dem Pfannenwender zu einem Rösti flach drücken. Rösti von beiden Seiten goldbraun braten, herausnehmen, auf einen Teller geben und warm stellen. Die übrige Masse ebenfalls zu Röstis braten. Die fertigen Röstis stapeln und mit dem Kräuter-Dip anrichten. Mit restlichem Dill bestreut servieren.

UND JETZT: GLUTENFREI

Das Mehl hält die Röstis zusammen und sorgt für die richtige Konsistenz. Das funktioniert auch mit der gleichen Menge Speisestärke, die aus Kartoffeln oder Mais hergestellt wird. Dann sind die Röstis sogar glutenfrei.

YUM TAM TAM
Superfluffig und schön saftig. Feta verleiht den Puffern eine feine Würze – Widerstand zwecklos:
MÖHREN-ZUCCHINI-PUFFER
yumtamtam.de/moehren-zucchini-puffer/

3x
Schnitzel
1
2
3

1

SELLERIE-SCHNITZEL

mit Avocado-Salsa

FÜR 4 PORTIONEN

1 Zunächst **800 g Knollensellerie** schälen und in fingerdicke Scheiben schneiden. In **500 ml köchelnder Brühe** 2-3 Minuten kochen, abgießen und ausdampfen lassen. **50 g Mehl** auf einen flachen Teller geben und mit **Salz** und **Pfeffer** würzen. **2 Eier** (Größe M) in einem tiefen Teller verquirlen. **150 g Semmelbrösel** mit **je 20 g geriebenem Bergkäse und Parmesan** mischen und auf einen flachen Teller geben.

2 Für die Salsa **2 Avocados** halbieren. Die Kerne entfernen und das Fruchtfleisch aus der Schale lösen. Mit **2 Tomaten** und **3 Lauchzwiebeln** sehr klein würfeln. **1 Chilischote** halbieren, entkernen und fein hacken. **1 Limette** auspressen. Alles vermischen und mit Salz und Pfeffer würzen.

3 Sellerie erst im Mehl, dann im Ei und zum Schluss in den Bröseln wenden. **6-8 EL Sonnenblumenöl** in einer großen Pfanne erhitzen. Sellerie darin bei mittlerer Hitze von beiden Seiten goldbraun braten. Herausnehmen, auf Küchenpapier abtropfen lassen und salzen. Mit Avocado-Salsa und **etwas Koriander** servieren.

Zubereitung ca. 40 Minuten
Pro Portion ca. 637 kcal, 16 g E, 43 g F, 18 g KH

2

BLUMENKOHL-SCHNITZEL

mit Chili-Ricotta

FÜR 4 PORTIONEN

1 Zunächst **1 kg Blumenkohl** waschen und in fingerdicke Scheiben schneiden. In **500 ml köchelnder Gemüsebrühe** 2-3 Minuten kochen, abgießen und ausdampfen lassen.

2 Dann **1 Peperoni** waschen und klein hacken. Mit **250 g Ricotta, 1 TL Thymian** und **2 EL Olivenöl** verrühren. Den Dip mit **Salz** und **Pfeffer** würzen. **50 g Mehl** auf einen flachen Teller geben und mit Salz und Pfeffer würzen. **2 Eier** (Größe M) in einem tiefen Teller verquirlen. **150 g Semmelbrösel** auf einen flachen Teller geben.

3 Blumenkohlscheiben erst im Mehl, dann im Ei und zum Schluss in den Bröseln wenden. **6-8 EL Sonnenblumenöl** in einer großen Pfanne erhitzen. Blumenkohl darin bei mittlerer Hitze von beiden Seiten goldbraun braten. Herausnehmen, auf Küchenpapier abtropfen lassen und salzen. Blumenkohl-Schnitzel mit dem Chili-Ricotta und mit **1 EL gehacktem Dill** bestreut servieren.

Zubereitung ca. 30 Minuten
Pro Portion ca. 654 kcal, 23 g E, 43 g F, 16 g KH

30

3

KOHLRABI-SCHNITZEL

mit Erbsen-Mayo

FÜR 4 PORTIONEN

1 Zunächst **1 kg Kohlrabi** schälen und in fingerdicke Scheiben schneiden. In **500 ml köchelnder Gemüsebrühe** 2-3 Minuten kochen, abgießen und ausdampfen lassen. **100 g TK-Erbsen** ca. 3 Minuten in Salzwasser kochen, abgießen und abtropfen lassen.

2 Inzwischen **1 TL Senf, 1 EL Essig** und **3 Eigelb** in ein hohes Gefäß geben. Mit den Erbsen grob pürieren. Dabei langsam **300 ml Maiskeimöl** dazugießen und den Pürierstab immer wieder langsam nach oben ziehen, bis eine gebundene Masse entsteht. Mit **Salz** und **Pfeffer** abschmecken.

3 Dann **50 g Mehl** auf einen flachen Teller geben und mit **Salz** und **Pfeffer** würzen. **2 Eier** (Größe M) in einem tiefen Teller verquirlen. **150 g Panko** auf einen Teller geben. Kohlrabi im Mehl, dann im Ei und zum Schluss im Panko wenden. **6-8 EL Sonnenblumenöl** in einer Pfanne erhitzen. Kohlrabi darin bei mittlerer Hitze von beiden Seiten goldbraun braten, herausnehmen und auf Küchenpapier abtropfen lassen. Mit Erbsen-Mayo und **einigen Petersilienblättern** servieren.

Zubereitung ca. 40 Minuten
Pro Portion ca. 1.209 kcal, 18 g E, 104 g F, 22 g KH

Starke Sattmacher

In einen Salat darf alles, was Spaß macht. Und satt! Neben knackigen Salatblättern, süßen Tomaten oder aromatischem Fenchel auch köstliche Energiespender wie Süßkartoffeln. Diese enthalten sogar mehr Ballaststoffe als herkömmliche Kartoffeln, mit denen sie botanisch übrigens nur sehr entfernt verwandt sind.

Salate & Bowls

KNACK-FRISCHES DURCH-EINANDER

Hier geht's nicht um die schönste Beilage, sondern um die passende Antwort auf den großen Hunger. Jetzt haben Linsen und Quinoa ihren glanzvollen Auftritt, mischen sich mit spannenden Dressings in Bowls und punkten mit ihren verborgenen Talenten. Als fettarme, pflanzliche Eiweißquelle sind sie nämlich der perfekte Begleiter für Salate und Gemüse und füllen den Magen auf besonders leckere Art. Gutes Teamwork!

Für einen schönen Knuspereffekt die Knoblauchbrösel von Seite 182 über den fertigen Salat streuen

SÜẞKARTOFFEL-SALAT

mit Parmesan-Dressing

FÜR 4 PORTIONEN

Für den Salat:

1 kg **Süßkartoffeln**
Salz, Pfeffer
4 **Eier (Größe M)**
200 g **Babyspinat**
300 g **Salatgurke**
1 Bund **Schnittlauch**
5–6 EL **Sonnenblumenöl**

Für das Dressing:

100 g **Parmesan**
4 EL **Mayonnaise**
1 EL **heller Balsamicoessig**
2 EL **Olivenöl**
½ TL **Chiliflocken**
Salz, Pfeffer

Zubereitung ca. 40 Minuten
Pro Portion ca. 767 kcal, 22 g E, 46 g F, 63 g KH

1 Die Süßkartoffeln schälen und in ca. 2 cm große Stücke schneiden. Kartoffeln in Salzwasser ca. 5 Minuten kochen, abgießen und ausdampfen lassen. Die Eier in einem Topf in kaltem Wasser zum Kochen bringen, ca. 3 ½ Minuten kochen, abgießen und kalt abschrecken. Etwas abkühlen lassen und pellen.

2 Den Spinat putzen, waschen und trocken schleudern. Die Salatgurke waschen und in kleine Würfel schneiden. Schnittlauch waschen und klein schneiden. Das Sonnenblumenöl in einer großen beschichteten Pfanne erhitzen. Die Süßkartoffeln darin bei mittlerer Hitze ca. 10 Minuten anrösten, mit Salz und Pfeffer würzen und in eine große Schale geben. Dann Spinat, Gurke und die Hälfte vom Schnittlauch dazugeben und untermischen.

3 Den Parmesan fein reiben. Anschließend mit Mayonnaise, 4 EL warmem Wasser, Essig und Olivenöl fein pürieren. Das Dressing mit Chiliflocken, Salz und Pfeffer abschmecken. Die Eier halbieren und auf den Salat geben. Das Parmesan-Dressing über den Salat geben. Mit restlichem Schnittlauch bestreut servieren.

EINFACH MAL DIE BLÄTTER TAUSCHEN

Wer es kräftiger mag, ersetzt den Spinat durch Mangold. Er lässt sich ähnlich verwenden und zubereiten. Mangoldblätter gründlich waschen und eventuell klein schneiden. Anschließend direkt weiterverarbeiten, da sich der Mangold an den Schnittstellen schnell verfärbt.

FENCHEL-NUDELSALAT

mit Oliven und Kapern

FÜR 4 PORTIONEN

Für den Salat:

400 g	**Nudeln (z. B. Farfalle)**
	Salz
65 g	**grüne Oliven ohne Stein**
1	**Bio-Zitrone**
400 g	**Fenchelknolle**
200 g	**Möhren**
4	**Knoblauchzehen**
4–6 EL	**Olivenöl**
2 EL	**Kapern**
1 Handvoll	**Basilikum**

Für das Dressing:

2 EL	**Mayonnaise**
1 EL	**Naturjoghurt (3,5 % Fett)**
	Salz, Pfeffer
etwas	**Chiliflocken**

Zubereitung ca. 35 Minuten
Pro Portion ca. 550 kcal, 17 g E, 31 g F, 47 g KH

Mach's vegan!
Ersetzen Sie den Joghurt und die Mayonnaise durch eine vegane Joghurtalternative und geben Sie 1–2 TL von der Kapernflüssigkeit hinzu.

1 Die Nudeln nach Packungsanleitung in kochendem Salzwasser bissfest garen, abgießen, kalt abschrecken und abtropfen lassen. Währenddessen die Oliven halbieren. Die Zitrone heiß waschen, trocken reiben und mit dem Sparschäler 2 Streifen Schale abziehen, Zitrone auspressen. Zitronenschale fein schneiden. Den Fenchel waschen, das Fenchelgrün abzupfen und beiseitelegen. Fenchel vierteln, Strunk entfernen und den Fenchel in feine Scheiben hobeln. Die Möhren schälen und der Länge nach in Streifen hobeln. Knoblauch schälen und fein hacken.

2 Das Olivenöl in einer großen beschichteten Pfanne erhitzen. Den Knoblauch darin bei mittlerer bis starker Hitze goldbraun anrösten und vom Herd nehmen. Die Nudeln mit Fenchel, Möhren, Zitronensaft und -schale, Oliven, Kapern und Basilikumblätter in die heiße Pfanne geben. Die Pfanne zwei- bis dreimal durchschwenken, bis alle Zutaten gut vermischt sind, und ca. 5 Minuten ziehen lassen.

3 In der Zwischenzeit Mayonnaise und Joghurt verrühren. Mit Salz, Pfeffer und Chiliflocken würzen. Den Nudelsalat in eine große Schüssel geben und mit dem Dressing gut vermengen. Das Fenchelgrün etwas zerzupfen, den Salat sofort damit bestreuen und servieren.

Mit Erbsen und veganem Pesto begeistert diese Variante durch eine cremige Konsistenz:

NUDELSALAT

edeka.de/nudelsalat.jsp

Schön frisch dazu: das Joghurt-Dressing mit grüner Chili von Seite 190

KARTOFFELSALAT

mit grünem Spargel

FÜR 4 PORTIONEN

Für den Salat:

600 g	**Kartoffeln, festkochend**
	Salz
250 g	**grüne Bohnen**
250 g	**TK-Erbsen**
350 g	**grüner Spargel**
1-2 EL	**Olivenöl**
1 Prise	**geriebene Muskatnuss**
1	**rote Zwiebel**
1 Bund	**Radieschen**
1 Bund	**Rucola**
etwas	**Dill**
150 g	**Naturjoghurt (3,5 % Fett)**

Für das Dressing:

4 EL	**Olivenöl**
4 EL	**Weißweinessig**
100 ml	**Gemüsebrühe**
1-2 TL	**Honig**
1 TL	**Senf**
1 Spritzer	**Zitronensaft**
	Salz, Pfeffer

Zubereitung ca. 45 Minuten
Pro Portion ca. 360 kcal, 9 g E, 19 g F, 36 g KH

Mach's vegan!
Für die vegane Variante den Joghurt durch eine Sojajoghurt-Alternative und den Honig durch Zucker ersetzen.

1 Die Kartoffeln waschen und ca. 25 Minuten in Salzwasser gar kochen. In der Zwischenzeit die Bohnen waschen und die Enden abschneiden. Bohnen ca. 10 Minuten in Salzwasser garen, mit einer Schaumkelle aus dem Wasser heben und kalt abschrecken. Danach die Erbsen im Bohnenwasser ein paar Minuten garen und dann abgießen.

2 Den Spargel waschen, die Enden abschneiden und die Stangen in kleinere Stücke schneiden. Olivenöl in einer Pfanne erhitzen. Den Spargel ca. 10 Minuten bei niedriger bis mittlerer Hitze darin braten. Mit Muskatnuss und Salz würzen. Kartoffeln abgießen, etwas ausdampfen lassen und in mundgerechte Stücke schneiden. Die Zwiebel schälen und in Ringe schneiden. Radieschen waschen, putzen und in feine Scheiben schneiden. Rucola waschen, trocken schütteln und klein zupfen. Dill fein hacken.

3 Für das Dressing Olivenöl, Weißweinessig, Gemüsebrühe, Honig, Senf und Zitronensaft verquirlen. Mit Salz und Pfeffer abschmecken. Kartoffeln, Erbsen, Bohnen, Spargel, Zwiebeln, Radieschen, Rucola und Dressing vorsichtig miteinander vermischen. Kartoffelsalat mit dem Joghurt beträufeln und mit Dill bestreut servieren.

KÄSE-KARTOFFELN

mit grünen Bohnen und Radieschen

FÜR 4 PORTIONEN

1,2 kg	**Kartoffeln, vorwiegend festkochend**
	Salz, Pfeffer
300 g	**grüne Bohnen**
4–6	**Radieschen**
150 g	**Cheddar**
4–6 EL	**Sonnenblumenöl**
1 EL	**Butter**
1 Handvoll	**glatte Petersilie**
etwas	**Chiliflocken**

Zubereitung ca. 40 Minuten
Pro Portion ca. 524 kcal, 17 g E, 28 g F, 48 g KH

1 Die Kartoffeln waschen und gründlich abbürsten. In Salzwasser ca. 20 Minuten kochen, abgießen und ausdampfen lassen. In der Zwischenzeit die Bohnen putzen und in ca. 3 cm lange Stücke schneiden. Bohnen in Salzwasser ca. 6 Minuten bissfest kochen, abgießen und kalt abschrecken.

2 Währenddessen die Radieschen putzen und in feine Scheiben hobeln und am besten in kaltes Wasser legen, damit sie knackig bleiben. Den Cheddar in kleine Stücke schneiden. Die Kartoffeln in ca. 2 cm große Stücke schneiden. Die Petersilie hacken.

3 Das Sonnenblumenöl mit der Butter in einer großen beschichteten Pfanne erhitzen. Die Kartoffeln darin bei mittlerer bis starker Hitze rundherum goldbraun anrösten. Die Hitze reduzieren. Die Bohnen und den Cheddar zu den Kartoffeln geben, drei- bis viermal durchschwenken, bis alles gut vermischt ist, und vom Herd nehmen. Die Radieschen und die gehackte Petersilie unterheben. Kartoffeln mit Salz, Pfeffer und Chiliflocken würzen und sofort servieren.

FRISCHE STANGEN

In der Spargelsaison können Sie die Käsekartoffeln super mit weißem Spargel zubereiten. 300 g Spargel schälen, in Salzwasser mit einem Spritzer Zitronensaft und Zucker ca. 12 Minuten bissfest garen, schräg in Stücke schneiden und statt der Bohnen zu den Kartoffeln geben.

Hierzu schmeckt auch der Schmand-Dip mit gebratenen Zwiebeln von Seite 185

KÜRBIS-REISSALAT

mit Granatapfel

FÜR 4 PORTIONEN

- 1 kg **Hokkaido-Kürbis**
- 4–5 EL **Rapsöl**
- 2 TL **Paprikapulver, edelsüß**
- 2 TL **Currypulver**
- 1 Prise **Chiliflocken**
- 400 g **Cocktailtomaten**
- 4 **Schalotten**
- 3 **Knoblauchzehen**
- 250 g **Parboiled Langkorn- & Wildreis**
- **Salz, Pfeffer**
- 4 **Lauchzwiebeln**
- 1 Bund **Koriander**
- 1 **Granatapfel**
- 1–2 EL **Olivenöl**
- 1 **Zitrone, Saft**

Zubereitung ca. 40 Minuten
Pro Portion ca. 436 kcal, 7 g E, 16 g F, 70 g KH

1 Den Backofen auf 220 Grad (Umluft 200) vorheizen. Den Kürbis waschen, halbieren, mit einem Esslöffel entkernen und das Fruchtfleisch in Würfel schneiden. Das Rapsöl mit Paprikapulver, Currypulver und Chiliflocken zu einer Marinade verrühren. Den Kürbis mit der Marinade vermengen und in eine Auflaufform geben.

2 Die Tomaten waschen, trocken tupfen, vierteln und ebenfalls in die Auflaufform geben. Die Schalotten schälen, vierteln oder achteln und mit der Schnittkante nach oben in die Auflaufform legen. Die Knoblauchzehen schälen, pressen und über dem Gemüse verteilen. Das Gemüse ca. 20 Minuten im Ofen rösten.

3 Inzwischen den Reis nach Packungsanleitung in Salzwasser kochen. Die Lauchzwiebeln putzen und in schmale Ringe scheiden. Den Koriander fein hacken. Den Granatapfel halbieren und die Kerne herauslösen. Das Gemüse aus dem Ofen herausnehmen. Mit Reis, Granatapfelkernen, Lauchzwiebeln, der Hälfte vom Koriander und Olivenöl vermengen. Den Salat mit Salz, Pfeffer und dem Saft der Zitrone abschmecken. Mit restlichem Koriander bestreut servieren.

OHNE ZU SCHÄLEN

Der Hokkaido-Kürbis wird nicht nur wegen des nussigen Geschmacks so geliebt. Er ist auch der einzige Kürbis, der mit Schale verwendet werden kann. Das spart aufwendiges Schälen und viel Zeit.

GRÜNKOHL-SALAT

mit Äpfel und Birne

FÜR 4 PORTIONEN

Für den Salat:

5	**rote Zwiebeln**
5 EL	**Olivenöl**
7–8 Stiele	**Grünkohl**
	Salz, Pfeffer
250 g	**Champignons**
2	**kleine Äpfel**
1	**Birne**
1	**Granatapfel**
100 g	**Walnüsse**

Für das Dressing:

1 Stück	**Ingwer (ca. 2–3 cm)**
2	**Knoblauchzehen**
4 EL	**Tahin (Sesammus)**
2 TL	**Honig**

Zubereitung ca. 1 Stunde
Pro Portion ca. 519 kcal, 10 g E, 36 g F, 38 g KH

Mach's vegan!
Tauschen Sie die 2 TL Honig im Dressing 1:1 durch braunen Zucker aus.

1 Den Backofen auf 200 Grad (Umluft 180) vorheizen. Die Zwiebeln schälen und vierteln. Auf ein mit Backpapier belegtes Blech legen und mit etwas Öl bestreichen. Zwiebeln im Ofen ca. 20 Minuten backen. Den Grünkohl waschen, trocken tupfen und in Stücke zupfen. Dann in eine Schüssel geben, salzen und mit 3 EL Olivenöl vermischen. Den Grünkohl mit den Händen ca. 2 Minuten kräftig kneten.

2 Die Champignons putzen und in Scheiben schneiden. Das restliche Olivenöl (1 EL) in einer Pfanne erhitzen. Die Pilze darin anbraten und mit Salz und Pfeffer würzen. Die Äpfel und die Birne waschen, vierteln, das Kerngehäuse herausschneiden und die Früchte in dünne Spalten schneiden. Den Granatapfel halbieren und die Kerne herauslösen.

3 Für das Dressing Ingwer und Knoblauch schälen und fein hacken. Mit Tahin, Honig und etwas Wasser zu einem Dressing verrühren. Den Grünkohl mit Pilzen, Früchten, gebackenen Zwiebeln und Walnüssen vermischen. Den Salat mit Pfeffer würzen, dann mit dem Dressing beträufeln und servieren.

SPARGELSALAT

mit pochiertem Ei und Kichererbsen

FÜR 4 PORTIONEN

Für den Salat:

1 Dose	**Kichererbsen (265 g Abtropfgewicht)**
2 EL	**Olivenöl**
1 TL	**Paprikapulver, edelsüß**
1 Prise	**Chilipulver**
	Salz, Pfeffer
2 Bund	**weißer Spargel**
1 Bund	**Radieschen**
8	**Eier (Größe M)**
1 Bund	**Schnittlauch**

Außerdem:

3 EL	**Weißweinessig**

Für das Dressing:

4 EL	**Olivenöl**
2 EL	**flüssiger Honig**
2 EL	**Zitronensaft**

Zubereitung ca. 45 Minuten
Pro Portion ca. 427 kcal, 21 g E, 30 g F, 16 g KH

1 Die Kichererbsen in ein Sieb abgießen, abspülen und abtropfen lassen. Mit Küchenpapier gründlich trocken reiben. 2 EL Olivenöl in einer Pfanne erhitzen. Die Kichererbsen darin kross anbraten. Mit Paprikapulver, Chili und Salz würzen.

2 Den Spargel schälen und die Enden abschneiden. Spargelstangen in kochendem Salzwasser ca. 10 Minuten gar kochen. Inzwischen die Radieschen waschen, putzen und in feine Scheiben hobeln. Für das Dressing 4 EL Olivenöl mit dem Honig und dem Zitronensaft verquirlen. Mit Salz und Pfeffer würzen.

3 In einem Topf ca. 1 ½ Liter Wasser mit dem Essig aufkochen. Die Eier aufschlagen und behutsam einzeln in kleine Gläser oder Schalen gleiten lassen. Topf etwas von der Herdplatte ziehen, sodass das Wasser gerade nicht mehr kocht. Eier einzeln ins Wasser gleiten lassen und jeweils das Eiweiß mit dem Löffel um das Eigelb ziehen. Topf zurück auf die Platte stellen, sodass das Wasser nur fast kocht. Die Eier 4 Minuten im Wasser ziehen lassen. Anschließend mit einer Schaumkelle herausnehmen.

4 Den Schnittlauch in Röllchen schneiden. Den Spargel aus dem Wasser heben, abtropfen lassen und auf einer großen Platte anrichten. Kichererbsen und Radieschen dazugeben. Die pochierten Eier darauflegen, salzen und pfeffern. Alles mit dem Dressing beträufeln und mit Schnittlauch bestreuen.

AROMEN RETTEN

Für noch mehr Spargelaroma die Schalen in 1 ½ Liter Wasser mit einer Prise Zucker, Salz und einem Schuss Essig aufkochen, 15 Minuten ziehen lassen und durch ein Sieb abgießen. Den Sud auffangen und darin die geschälten Spargelstangen garen. So wird der Geschmack noch intensiver.

Dressing-Variation gesucht? Das Kräuter-dressing mit Honig von Seite 190 passt super zum Spargel

LINSEN-SALAT

mit dicken Bohnen

FÜR 4 PORTIONEN

Für den Salat:

300 g	**Berglinsen**
	Salz, Pfeffer
2	**rote Zwiebeln**
300 g	**bunte Kirschtomaten**
3	**Lauchzwiebeln**
1	**Bund Rucola**
300 g	**dicke Bohnen (TK)**
2 EL	**Sonnenblumenöl**
je ½ EL	**gemahlener Kreuzkümmel, Piment und Koriander**

Für das Dressing:

3-4	**Knoblauchzehen**
1 Handvoll	**Oregano**
6 EL	**Olivenöl**
2-3 EL	**heller Balsamicoessig**

Zubereitung ca. 50 Minuten
Pro Portion ca. 696 kcal, 38 g E, 27 g F, 75 g KH

So wie Linsen ist auch Quinoa ein Salatheld. Mit Rote Bete und Ziegenkäse punktet er hier:

WARMER QUINOA-SALAT

edeka.de/warmer-quinoasalat.jsp

1 Die Linsen nach Packungsanleitung in kochendem Salzwasser garen, abgießen und kalt abschrecken. Währenddessen die Zwiebeln schälen und fein würfeln. Die Tomaten putzen und vierteln. Die Lauchzwiebeln putzen und in ca. 3 cm lange Streifen schneiden. Rucola putzen und trocken schleudern. Dicke Bohnen in Salzwasser ca. 4 Minuten kochen, abgießen und abschrecken. Die Kerne aus der wächsernen Haut drücken.

2 Das Sonnenblumenöl in einer großen beschichteten Pfanne erhitzen. Zwiebeln darin bei mittlerer bis starker Hitze glasig andünsten. Die Gewürze untermischen und kurz mitbraten. Die Linsen hinzufügen und alles gut durchschwenken. Pfanne vom Herd nehmen, Tomaten und Bohnen unterheben. Salat mit Salz und Pfeffer würzen und auf einem großen Teller anrichten, Rucola und Lauchzwiebeln untermischen.

3 Für das Dressing den Knoblauch schälen und in dünne Scheiben schneiden. Oregano grob hacken. Das Olivenöl in einer Pfanne erhitzen, den Knoblauch darin bei mittlerer Hitze goldbraun anrösten. Die Pfanne vom Herd nehmen, Oregano und Essig dazugeben. Das Knoblauchdressing über den Salat gießen und lauwarm servieren.

KÜRBIS-BOWL

mit Linsen

FÜR 4 PORTIONEN

Für die Bowl:

200 g	**Berglinsen**
	Salz, Pfeffer
500 g	**Hokkaido-Kürbis**
300 g	**Kirschtomaten**
1	**Fenchelknolle**
2 EL	**Olivenöl**
1 TL	**Chiliflocken**
100 g	**Baby-Mangold**

Für den Dip:

2	**Knoblauchzehen**
1 Bund	**gemischte Kräuter (z. B. Petersilie, Schnittlauch, Dill)**
150 g	**Speisequark**
150 g	**Crème fraîche**
1 EL	**Limettensaft**
	Salz, Pfeffer

Zubereitung ca. 50 Minuten
Pro Portion ca. 447 kcal, 22 g E, 24 g F, 34 g KH

1 Den Backofen auf 200 Grad (Umluft 180) vorheizen. Die Linsen nach Packungsanleitung in kochendem Salzwasser garen. Inzwischen den Kürbis waschen, halbieren und die Kerne entfernen. Den Kürbis vierteln und anschließend in Spalten schneiden. Die Tomaten waschen und halbieren. Den Fenchel putzen und in mundgerechte Stücke schneiden. Den Mangold waschen und trocken schütteln.

2 Das Gemüse mit Olivenöl und Chili mischen und mit Salz und Pfeffer würzen. Auf einem mit Backpapier belegten Blech verteilen und im Ofen ca. 25 Minuten rösten. Die Linsen abgießen und abtropfen lassen.

3 Für den Dip die Knoblauchzehen schälen und hacken. Die Kräuter klein hacken. Den Quark mit Crème fraîche, Limettensaft, Kräutern und dem Knoblauch verrühren. Mit Salz und Pfeffer kräftig würzen. Gemüse und Linsen mit Mangold in Schalen anrichten. Mit Kräuterquark servieren. Nach Belieben mit frischen Kräutern bestreuen.

MIT ODER OHNE SALZ?

Oft wird empfohlen, Linsen ohne Salz zu kochen, damit sie schneller weich werden. Kocht man sie mit Salz, bleiben sie etwas härter und zerfallen nicht. Für die Verwendung in Bowls ist das ideal.

Baukasten:

BOWLS

Das wird eine runde Sache: Wenn das Gemüse geschnippelt ist, die Kräuter gehackt sind und das Dressing gerührt ist, wird alles hübsch in einer Schüssel angerichtet. Denn hier wollen sowohl der Gaumen als auch die Augen schmausen.

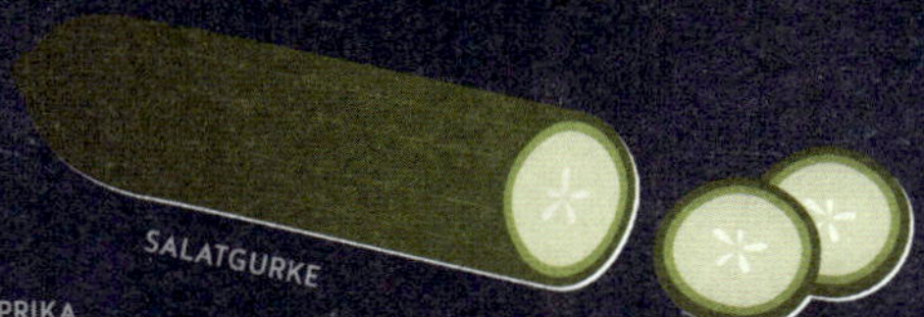

Gemüse & Co.

Bowls leben von knackfrischen Zutaten in allen Farben. Sie können roh, gedünstet oder gekocht, kalt, warm oder lauwarm sein. Neben allerlei Blatt- und Knollengemüsen schmecken Avocados, Tomaten und Paprika sowie natürlich auch frische Sprossen in der Schüssel.

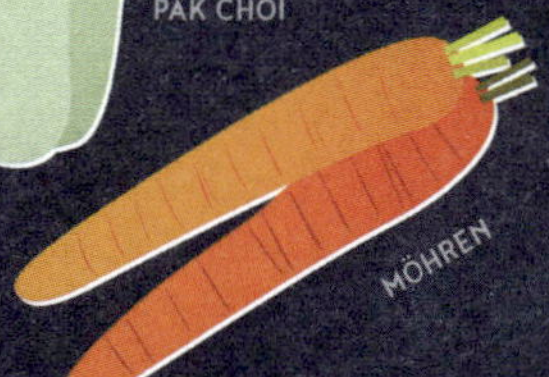

Sattmacher

Und natürlich darf ein Sattmacher nicht fehlen. Besonders beliebt als Basis sind Reis, Quinoa und Bulgur. Aber auch Linsen, Kartoffeln, Süßkartoffeln, Nudeln (z. B. Mie- oder Glasnudeln) sind eine tolle Grundlage für eine farbenfrohe Bowl.

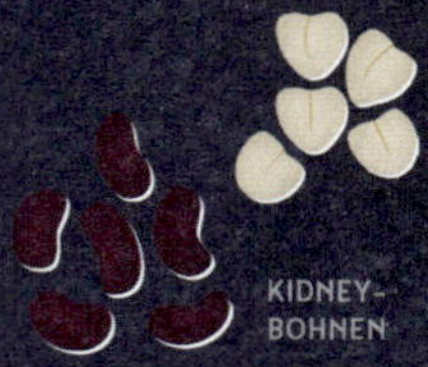

Eiweiß

Zu jeder guten Bowl gehören eine oder mehrere Eiweißkomponenten. Super sind z. B. marinierte Tofuwürfel, Hülsenfrüchte wie Kidneybohnen und Kichererbsen. Es können aber auch mal ein gekochtes Ei oder ein Joghurt-Dip sein.

Würze & Kräuter

Frische Kräuter, Zwiebeln und Sojasauce lassen sich super variieren. Basilikum und Thymian geben einen mediterranen Touch. Sojasauce, Minze, Chili und Koriander sorgen für Asia-Feeling, und mit Zwiebeln und Lauch wird's lecker deftig. Und wer wenig Zeit hat, nimmt ganz fix eine tiefgekühlte Kräutermischung.

Zusätzlich können Sie Ihre Bowls mit unseren Nussmischungen, Croûtons und Böseln bestreuen. Die Rezepte gibt's ab Seite 178

Crunch

Für den richtigen Biss sorgen Nüsse, Kerne und Samen. Hasel- oder Walnüsse und Cashew- oder Pinienkerne, Mandeln oder Sesam eventuell grob hacken und vorm Servieren einfach über alle anderen Zutaten streuen. Zusätzlichen Pep gibt es, wenn Nüsse und Co. vorher leicht angeröstet werden.

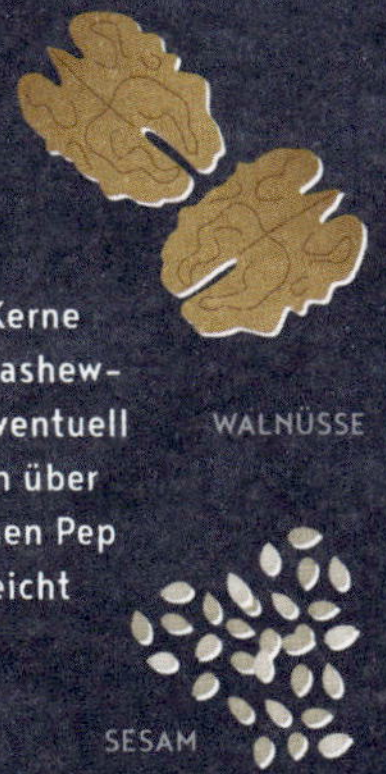

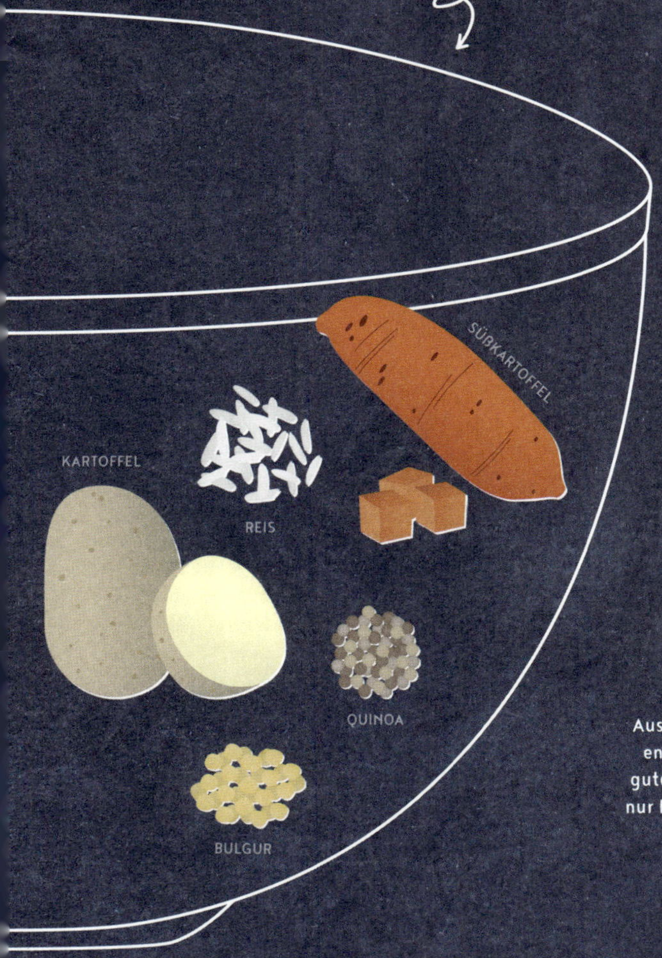

Dressing

Aus Olivenöl und Zitronen-/Limettensaft oder Essig entstehen leckere Dressings, die ebenfalls in jede gute Bowl gehören. Sie runden den Geschmack nicht nur harmonisch ab, sondern sorgen auch für eine gute Verbindung der vielen bunten Zutaten.

ZUCCHINI-BOWL

mit Kichererbsen und Möhren-Hummus

FÜR 4 PORTIONEN

Für das Pesto:

100 g **Walnusskerne**
50 g **Parmesan**
1 Bund **Basilikum**
80 ml **Olivenöl**
Salz, Pfeffer

Für die Bowl:

200 g **Vollkornreis**
Salz, Pfeffer
300 g **Zucchini**
2 **rote Paprikaschoten**
Frittieröl

Für den Hummus:

300 g **Möhren**
Salz, Pfeffer
½ TL **gemahlener Kreuzkümmel**
1 Dose **Kichererbsen (265 g Abtropfgewicht)**

Zubereitung ca. 55 Minuten
Utensilien Spiralschneider
Pro Portion ca. 748 kcal, 18 g E, 51 g F, 52 g KH

Mach's vegan!
Den Parmesan durch 50 g gemahlene Mandeln ersetzen und wie im Rezept beschrieben verarbeiten.

1 Für das Pesto in einer Pfanne ohne Fett die Walnüsse kurz anrösten, herausnehmen und abkühlen lassen. Den Parmesan grob würfeln. Basilikumblättchen abzupfen und ein paar zum Garnieren beiseitelegen. Die Nüsse bis auf 2 EL mit Parmesan, Basilikum und Öl zu einem Pesto pürieren. Das Ganze mit Salz und Pfeffer abschmecken.

2 Den Reis nach Packungsanweisung in Salzwasser garen. Für den Hummus inzwischen die Möhren schälen, würfeln und in wenig Salzwasser ca. 10 Minuten garen. Kichererbsen abgießen, abspülen und abtropfen lassen. Die Hälfte davon mit den Möhren zu einem Hummus pürieren. Mit Salz, Pfeffer und Kreuzkümmel würzen. Ist der Hummus zu fest, noch etwas Wasser unterrühren.

3 Die Zucchini waschen, putzen und in dünne Spiralen schneiden. Die Paprikaschoten waschen, vierteln, Kerne und Strünke entfernen und dann in feine Streifen schneiden. Die übrigen Kichererbsen in etwas Öl knusprig frittieren, anschließend salzen und pfeffern. Alle Zutaten nun in Schalen anrichten. Mit übrigen Walnüssen und Basilikum bestreuen.

ABGEDREHTES GEMÜSE

Bunte Low-Carb-Nudeln lassen sich aus vielen Gemüsesorten drehen. Am beliebtesten sind Zucchini, Möhren, Rettich, Pastinaken und Rote Bete. Gut geeignet sind vor allem Wurzeln, Rüben und Knollen, da sie schön fest sind und sich gut in dünne Streifen schneiden lassen.

Tolle Ergänzung:
Streuen Sie die Pistazien-
brösel mit Sesam von
Seite 181 über die Bowl

YUM TAM TAM
Glasnudeln, Avocado und Erdnusssauce vereinen sich zu einer aromatischen Asia-Bowl:
SUMMER-ROLL-BOWL
yumtamtam.de/summer-roll-bowl/

SÜSSKARTOFFEL-BOWL

mit Tofu und Quinoa

FÜR 4 PORTIONEN

400 g	**Süßkartoffeln**
5 EL	**Olivenöl**
	Salz, Pfeffer
1 Bund	**Radieschen**
150 g	**Zuckerschoten**
200 g	**Quinoa**
50 g	**Erdnüsse**
½ Bund	**Minze**
1	**Bio-Zitrone**
300 g	**Tofu natur**
1 Prise	**Paprikapulver, edelsüß**
1 Handvoll	**Radieschensprossen**

Zubereitung ca. 35 Minuten
Pro Portion ca. 581 kcal, 21 g E, 27 g F, 61 g KH

1 Die Süßkartoffeln schälen und würfeln. 1 EL Olivenöl in der Pfanne erhitzen. Kartoffeln 5–6 Minuten darin knusprig braten. Mit Salz und Pfeffer würzen. Die Radieschen waschen, putzen und in Scheiben hobeln. Die Zuckerschoten waschen und in Streifen schneiden. In etwas Salzwasser kurz blanchieren. Quinoa abspülen und nach Packungsanleitung zubereiten. Die Erdnüsse in einer Pfanne ohne Fett rösten, herausnehmen, abkühlen lassen und dann grob hacken.

2 Für das Minzöl die Minzblättchen abzupfen und fein hacken. Die Zitrone waschen und die Schale abreiben. 3 EL Olivenöl mit den Minzblättchen und der Zitronenschale vermischen. Den Tofu in 1 cm dicke Scheiben schneiden und trocken tupfen. Mit Salz, Pfeffer und Paprikapulver würzen und im restlichen Öl (1 EL) anbraten.

3 Die vorbereiteten Zutaten in Schalen anrichten. Mit den Sprossen und den Erdnüssen bestreuen. Das Minzöl darüberträufeln und servieren.

GLUTENFREIE KÖRNER

Neben Quinoa gibt es noch weitere glutenfreie Getreidesorten wie Amaranth, Hirse und Buchweizen, die in Bowls super schmecken. Einfach die gleiche Menge nach Packungsanleitung zubereiten und dann wie im Rezept beschrieben zur Bowl geben.

BULGUR-SCHICHT-SALAT

mit Radicchio

FÜR 4 PORTIONEN

Für den Salat:

- 180 g **Bulgur**
- ½ Bund **Petersilie**
- 100 g **Cranberries**
- 3–4 EL **Olivenöl**
- **Salz, Pfeffer**
- 2 EL **Sesam**
- 1 Dose **Kichererbsen (265 g Abtropfgewicht)**
- 1 **Salatgurke**
- 1 **Radicchio**
- 1 **rote Zwiebel**

Für das Dressing:

- ½ Bund **Schnittlauch**
- 200 g **Naturjoghurt (3,5 % Fett)**
- 1 EL **Olivenöl**
- 1 TL **Senf**
- 1–2 EL **Zitronensaft**
- **Salz, Pfeffer**

Zubereitung ca. 40 Minuten
Pro Portion ca. 497 kcal, 12 g E, 21 g F, 42 g KH

Mach's vegan!
Den Joghurt durch eine vegane Joghurt-Alternative verwenden, z. B. aus Soja.

1 Den Bulgur nach Packungsanleitung zubereiten. Die Petersilienblättchen abzupfen und grob hacken. Die Cranberries grob hacken. Den Bulgur mit einer Gabel auflockern und mit Petersilie, Cranberries und Olivenöl vermischen. Mit Salz und Pfeffer würzen.

2 Den Sesam in einer Pfanne ohne Öl rösten, dann herausnehmen und abkühlen lassen. Die Kichererbsen in ein Sieb abgießen, abspülen und gut abtropfen lassen. Die Kichererbsen mit dem Sesam vermischen. Die Salatgurke waschen und längs halbieren, die Kerne mit einem Teelöffel herauslösen. Die Gurke in kleine Würfel schneiden. Den Radicchio putzen und in Streifen schneiden. Die Zwiebel schälen, halbieren und in feine Scheiben schneiden.

3 Für das Dressing den Schnittlauch in Röllchen schneiden. Den Joghurt mit Olivenöl, Senf, Zitronensaft und Schnittlauch verrühren. Mit Salz und Pfeffer würzen. Nacheinander Bulgur, Gurke, Kichererbsen, Radicchio und Zwiebel in die Gläser füllen. Kurz vor dem Verzehr mit dem Dressing beträufeln.

TOMATEN-BROT-SALAT

mit Mozzarella

FÜR 4 PORTIONEN

1	**Knoblauchzehe**
4	**dicke Scheiben Bauernbrot**
3-4 EL	**Olivenöl**
1 kg	**kleine Strauchtomaten**
1	**Salatgurke**
2	**rote Zwiebeln**
1 Bund	**Petersilie**
100 g	**grüne Oliven**
250 g	**Mini-Mozzarellakugeln**
	Salz, Pfeffer

Zubereitung ca. 25 Minuten
Pro Portion ca. 488 kcal, 20 g E, 29 g F, 36 g KH

25

YUM TAM TAM

Feta und Nektarinen geben dem Brotsalat einen fruchtig-frischen Kick. Perfekt für heiße Tage:

SOMMERLICHER BROTSALAT

yumtamtam.de/brotsalat/

1 Die Knoblauchzehe schälen und halbieren. Die Brotscheiben jeweils mit etwas Olivenöl einpinseln und mit der Knoblauchzehe einreiben. Anschließend die Brotscheiben in einer heißen Grillpfanne ohne Öl rösten, dabei zwischendurch umdrehen.

2 Die Tomaten und die Gurke waschen. Beides in Scheiben schneiden. Die Zwiebeln schälen, halbieren und in dünne Ringe schneiden. Petersilienblättchen abzupfen und grob hacken. Tomaten, Gurke, Zwiebeln, Petersilie, Oliven und Mozzarella in einer Salatschüssel mit dem restlichen Olivenöl mischen. Mit Salz und Pfeffer würzen. Das Brot in Stücke schneiden, unter den Salat heben und sofort servieren.

3 x
Kopfsalat
1
2
3

1

MÖHREN-TOFU-SALAT

mit Soja-Dressing

FÜR 4 PORTIONEN

1 Zuerst **1 Kopfsalat** putzen, waschen und trocken schleudern. **1 Knoblauchzehe** schälen und mit **1 Chilischote** fein hacken. **200 g Tofu natur** in 1-2 cm große Würfel schneiden und mit Knoblauch und Chili vermengen. Danach in **1-2 EL Stärke** wenden. **3 EL Sonnenblumenöl** in einer Pfanne erhitzen. Tofu darin bei mittlerer bis starker Hitze rundherum goldbraun anbraten und auf Küchenpapier abtropfen lassen.

2 Inzwischen **1 grüne Paprikaschote** waschen, vierteln, Kerne und Strunk entfernen und dann in feine Streifen schneiden. **150 g Möhren** schälen und mit dem Sparschäler der Länge nach in Streifen schneiden. Tofu, Paprika und Möhren mit dem Kopfsalat vermengen.

3 Für das Dressing **1 Bio-Limette** heiß waschen, trocken reiben, ca. 2 Streifen Schale abziehen und fein schneiden. Den Saft auspressen. Beides mit **80 ml Sojasauce, 1-2 EL Zucker, 1 TL Sesamöl** und ca. 20 ml Wasser vermengen. Dressing über den Salat geben.

Zubereitung ca. 20 Minuten
Pro Portion ca. 239 kcal, 10 g E, 14 g F, 19 g KH

20

2

ROTE-BETE-FETA-SALAT

mit Nuss-Vinaigrette

FÜR 4 PORTIONEN

1 Zuerst **1 Kopfsalat** putzen, waschen und trocken schleudern. **200 g Rote Bete** schälen (am besten Einmalhandschuhe tragen) und in kleine Würfel schneiden. **20 g Haselnüsse** grob hacken und in einer Pfanne ohne zusätzliches Fett goldbraun anrösten. **250 g Feta** grob zerbröseln.

2 Die Rote Bete, die Nüsse und den Feta mit dem Kopfsalat vermengen. **1-2 TL Thymian** und **1 Handvoll Petersilie** grob hacken. Mit **1 EL Senf, 1 EL hellem Balsamicoessig, 2-3 EL Haselnussöl, 1-2 TL Zucker, Salz** und **Pfeffer** gut verrühren und über den Salat geben.

Zubereitung ca. 15 Minuten
Pro Portion ca. 299 kcal, 15 g E, 21 g F, 11 g KH

15

3

RADIESCHEN-EI-SALAT

mit Schnittlauchrahm

FÜR 4 PORTIONEN

1 Zuerst **1 Kopfsalat** putzen, waschen und trocken schleudern. **4 Eier** (Größe M) hart kochen, abgießen und abschrecken. Die Eier pellen und in Scheiben schneiden. **4-6 Radieschen** putzen und klein würfeln. Die Hälfte von **1 Bund Schnittlauch** grob hacken. Eier und Radieschen mit dem Kopfsalat vermengen.

2 Restlichen Schnittlauch fein hacken und mit **100 g Schmand, 100 g Crème fraîche**, 3 EL Wasser und **1 EL Mayonnaise** vermengen. Das Dressing mit **Salz** und **Pfeffer** abschmecken und über den Salat geben.

Zubereitung ca. 20 Minuten
Pro Portion ca. 284 kcal, 11 g E, 25 g F, 5 g KH

20

Einmal um die Welt

Die Chinesen haben sie erfunden, in Italien sind sie Kult – und als Maultaschen und Schupfnudeln auch bei uns eine Spezialität. Immer an ihrer Seite: Gemüse und Kräuter, die als Füllung in Ravioli und Lasagne oder als Saucenbasis für die Spaghetti nicht mehr wegzudenken sind. Zucchini spielen seit Neuestem sogar die Hauptrolle in Nudelgerichten: als Zoodles, die in nur 30 Sekunden gar sind!

EINE NUDEL KOMMT SELTEN ALLEIN

Sie haben wunderschöne Namen wie Tagliatelle oder Cannelloni. Aber erst das passende Gemüse macht aus ihnen kulinarische Gedichte wie Grünkohl-Pasta oder Kürbis-Lasagne. Klingt ungewohnt? Schmeckt aber megalecker und sieht auch noch toll aus! Und wer trotzdem wehmütig an alte Spaghetti-Bolo-Zeiten denkt, wird mit dem Trio aus Paprika, Pilzen oder Linsen garantiert glücklich.

Die Knoblauchbrösel
mit Thymian von
Seite 182 sorgen
für einen herrlichen
Knuspereffekt

TOMATEN-MUSCHELNUDELN

mit Paprikasauce

FÜR 4 PORTIONEN

Für die Sauce:

4	**Knoblauchzehen**
2	**Zwiebeln**
3	**rote Paprikaschoten**
400 g	**Tomaten**
4 EL	**Sonnenblumenöl**
1 TL	**Tomatenmark**
½ EL	**Paprikapulver, edelsüß**
200 ml	**passierte Tomaten**
2	**Thymianzweige**
	Salz, Pfeffer

Außerdem:

500 g	**Muschelnudeln**
	Salz
240 g	**Taleggio (italienischer Weichkäse)**
3	**Thymianzweige**
½ Bund	**Basilikum**
3 EL	**Olivenöl**

Zubereitung ca. 35 Minuten + 30 Minuten Backzeit
Pro Portion ca. 921 kcal, 34 g E, 40 g F, 105 g KH

1 Knoblauch und Zwiebeln schälen. Die Paprikaschoten waschen, vierteln, Kerne und Strünke entfernen. Die Tomaten waschen. Das Gemüse grob in Würfel schneiden. Das Sonnenblumenöl in einem Topf erhitzen. Den Knoblauch, die Zwiebeln und die Paprika darin bei mittlerer bis starker Hitze ca. 5 Minuten anrösten. Tomaten hinzufügen und weitere 2 Minuten mitbraten, dann Tomatenmark und Paprikapulver unterrühren. Die passierten Tomaten und den Thymian dazugeben und die Paprikasauce bei niedriger Hitze ca. 15 Minuten köcheln lassen. Mit Salz und Pfeffer würzen. Die Thymianzweige wieder herausnehmen.

2 Inzwischen die Nudeln nach Packungsanleitung in Salzwasser bissfest kochen. Taleggio grob würfeln. Die Blätter vom Thymian und vom Basilikum abzupfen. Den Backofen auf 180 Grad (Umluft 160) vorheizen.

3 Die gegarten Nudeln mit der Paprikasauce vermengen und in eine Auflaufform geben. Die Taleggiowürfel darauf verteilen. Muschelnudeln im Ofen 20–30 Minuten backen. Herausnehmen und Nudeln mit dem Olivenöl beträufeln. Mit Thymian- und Basilikumblättern bestreut servieren.

WIE WÄR'S MIT ETWAS LILA?

In dieses mediterrane Nudelgericht passt natürlich auch Aubergine. Einfach die Hälfte der Paprika durch Auberginenwürfel ersetzen und wie oben beschrieben mit anbraten.

FENCHEL-RICOTTA-CANNELLONI

mit Tomatensauce

FÜR 4 PORTIONEN

Für die Sauce:

3	**Knoblauchzehen**
2	**Zwiebeln**
4 EL	**Olivenöl**
1 Dose	**passierte Tomaten (400 g)**
1 Dose	**stückige Tomaten (400 g)**
100 ml	**Gemüsebrühe**
1	**Rosmarinzweig**
2	**Thymianzweige**

Für die Füllung:

200 g	**Fenchel**
60 g	**Pinienkerne**
100 g	**Parmesan**
10	**getrocknete Tomaten**
1	**Bio-Zitrone**
400 g	**Ricotta**
30 g	**Paniermehl**
	Salz, Pfeffer

Außerdem:

20	**Cannelloni**
1 Handvoll	**Kräuter zum Garnieren**

Zubereitung ca. 1 Stunde 20 Minuten
Pro Portion ca. 783 kcal, 33 g E, 45 g F, 53 g KH

1 Für die Sauce den Knoblauch und die Zwiebeln schälen und fein hacken. Olivenöl in einem Topf erhitzen, Knoblauch und Zwiebeln darin bei mittlerer bis starker Hitze anbraten. Die passierten Tomaten, die stückigen Tomaten, Brühe, Rosmarin und Thymian hinzufügen. Alles aufkochen, dann die Hitze reduzieren und die Sauce ca. 10 Minuten köcheln lassen.

2 Den Backofen auf 180 Grad (Umluft 160) vorheizen. Den Fenchel putzen und grob reiben. Die Pinienkerne ohne Fett in einer Pfanne goldbraun anrösten, herausnehmen und klein hacken. Die Hälfte des Parmesan fein reiben. Die getrocknete Tomaten fein hacken. Die Zitrone heiß waschen, trocken reiben und 1 TL Schale abreiben. Alles zusammen mit Ricotta und Paniermehl gut vermengen. Die Masse mit Salz und Pfeffer würzen. Die Fenchel-Ricotta-Füllung in einen Spritzbeutel geben und die Cannelloni damit gleichmäßig füllen.

3 Die gefüllten Cannelloni in eine Auflaufform geben und mit der Tomatensauce übergießen. Den restlichen Parmesan grob reiben und darüberstreuen. Cannelloni im Ofen auf der mittleren Schiene ca. 40 Minuten backen. Mit frischen Kräutern bestreut servieren.

FEINE FÜLLUNG

Für das Herzstück der Cannelloni können Sie statt Ricotta auch die gleiche Menge Schmand, Crème fraîche oder Seidentofu verwenden.

Selbst gemacht und mit würziger Käsefüllung – zum Dahinschmelzen gut:

TORTELLINI MIT RICOTTA

edeka.de/tortellini-mit-ricotta.jsp

Trikolore! Spinat, Ricotta und Kirschtomaten machen eine bella figura in der Auflaufform:

SPINAT-RICOTTA-LASAGNE

edeka.de/spinat-ricotta-lasagne.jsp

CHAMPIGNON-SPINAT-LASAGNE

mit Haselnüssen und Béchamelsauce

FÜR 4 PORTIONEN

Für die Sauce:

500 ml	**Milch**
25 g	**Butter**
25 g	**Mehl**
	Salz, Pfeffer
1 Prise	**geriebene Muskatnuss**

Für die Füllung:

300-400 g	**Babyspinat**
½ Bund	**Basilikum**
½ Bund	**Oregano**
	Salz, Pfeffer
2	**Knoblauchzehen**
2	**Zwiebeln**
400 g	**Champignons**
3 EL	**Sonnenblumenöl**

Außerdem:

60 g	**Parmesan**
1 Kugel	**Mozzarella (125 g)**
80 g	**Haselnüsse**
etwas	**Butter für die Form**
9-12	**Lasagneblätter**

Zubereitung ca. 1 Stunde 20 Minuten
Pro Portion ca. 730 kcal, 32 g E, 42 g F, 54 g KH

1 Für die Béchamelsauce die Milch erwärmen. Die Butter bei niedriger Hitze in einem zweiten Topf schmelzen. Das Mehl einrühren und ca. 1 Minute unter Rühren anschwitzen. Dann die Milch langsam dazugießen und mit einem Schneebesen glatt rühren. Die Sauce ca. 3 Minuten köcheln lassen. Mit Salz, Pfeffer und Muskat abschmecken.

2 Den Spinat putzen, waschen und trocken schleudern. In kochendem Salzwasser ca. 1 Minute blanchieren, abgießen und kalt abschrecken. Den Spinat ausdrücken und grob hacken. Die Blätter vom Basilikum und vom Oregano abzupfen.

3 Knoblauch und Zwiebeln schälen und grob hacken. Champignons putzen und je nach Größe halbieren oder vierteln. Das Öl in einer großen beschichteten Pfanne erhitzen, Knoblauch und Zwiebeln darin bei mittlerer bis starker Hitze anrösten. Die Hitze erhöhen, die Champignons in die Pfanne geben und ca. 2 Minuten unter ständigem Rühren scharf anbraten. Vom Herd nehmen, Spinat und Kräuterblätter untermischen und mit Salz und Pfeffer würzen.

4 Den Backofen auf 180 Grad (Umluft 160) vorheizen. Den Parmesan grob reiben und den Mozzarella in Stücke zerreißen. Die Haselnüsse in einer Pfanne ohne Fett leicht anrösten, anschließend herausnehmen. Eine Auflaufform mit Butter ausstreichen.

5 Ein Drittel der Béchamelsauce in die Form geben. 3-4 Nudelplatten darauflegen, dann die Hälfte der Spinat-Pilz-Mischung darauf verteilen. Jeweils ca. ein Drittel des Parmesan und der Haselnüsse darauf verteilen. Eine weitere Schicht Nudelplatten, Béchamelsauce und Spinat-Pilz-Mischung daraufgeben. Zum Schluss die übrigen Nudelplatten, die restliche Sauce, den restlichen Parmesan und den Mozzarella auf der Lasagne verteilen. Die Lasagne im Ofen auf der mittleren Schiene ca. 40 Minuten backen. Ca. 5 Minuten vor Ende der Garzeit die restlichen Haselnüsse über die Lasagne streuen.

KÜRBIS-WIRSING-LASAGNE

mit Babyspinat und Feta

FÜR 4 PORTIONEN

Für die Füllung:

½ **Hokkaido-Kürbis (ca. 750 g)**
2 EL **Rapsöl**
2 TL **Currypulver**
1 Prise **Chilipulver**
8–10 **Wirsingblätter**
Salz, Pfeffer
50 g **Babyspinat**

Für die Sauce:

1 **rote Zwiebel**
3 **Knoblauchzehen**
1 Stück **Ingwer (ca. 2–3 cm)**
1 EL **Olivenöl**
1 ½ EL **Speisestärke**
250 ml **Gemüsebrühe**
500 g **Naturjoghurt (3,5 % Fett)**
1 Prise **geriebene Muskatnuss**
Salz, Pfeffer
2 Stiele **Thymian**

Außerdem:

etwas **Olivenöl für die Form**
250 g **Lasagneblätter**
100 g **Feta**

Zubereitung ca. 1 Stunde 30 Minuten
Pro Portion ca. 546 kcal, 21 g E, 20 g F, 70 g KH

1 Den Backofen auf 200 Grad (Umluft 180) vorheizen. Den Kürbis waschen und die Kerne entfernen. Kürbis in schmale Spalten schneiden. Rapsöl mit Curry- und Chilipulver verrühren. Die Kürbisspalten damit vermengen, dann auf einem mit Backpapier belegten Backblech verteilen und ca. 25 Minuten backen, bis sie fast gar sind. Inzwischen die Wirsingblätter waschen und in kochendem Salzwasser ca. 3 Minuten blanchieren. Dann abgießen, abschrecken, trocken tupfen und den Strunk herausschneiden. Spinat waschen und trocken schütteln.

2 Für die Sauce Zwiebel, Knoblauchzehen und Ingwer schälen und hacken. Das Olivenöl in einer Pfanne erhitzen. Zwiebeln, Knoblauch und Ingwer darin andünsten. Mit Speisestärke bestäuben. Nach und nach die Gemüsebrühe einrühren, kurz aufkochen und vom Herd ziehen. Den Joghurt unterrühren. Mit Muskat, Salz und Pfeffer kräftig würzen. Thymianblättchen abzupfen und dazugeben.

3 Eine große Auflaufform mit Öl fetten. Etwas Sauce auf dem Boden verteilen, dann eine Schicht Lasagneblätter darauflegen. Nacheinander mit einem Drittel Wirsing, einem Drittel Babyspinat und einem Drittel der Kürbisspalten belegen. Mit Salz und Pfeffer würzen. Mit etwas Sauce übergießen. Auf diese Weise zwei weitere Schichten in die Form geben. Die Lasagne ca. 45 Minuten im Ofen backen. Ca. 15 Minuten vor Ende der Backzeit den Feta zerbröseln, über die Lasagne streuen und fertig backen.

SPITZEN-KÖPFE

Statt Wirsing passen auch die Blätter des kegelförmigen Spitzkohls super zu diesem Rezept. Er ist eine Unterart des Weißkohls, etwas milder im Geschmack, und es gibt ihn von April bis Februar aus heimischem Anbau. Ca. 12–14 Blätter wie den Wirsing zubereiten.

Super dazu: Etwas Walnuss-Mix mit Cranberries von Seite 193 über die fertige Lasagne streuen

Zu der deftigen
Kombi passen die
Pumpernickel-Croûtons
mit getrockneten Tomaten
von Seite 181 richtig gut

GRÜNKOHL-PASTA

mit gebackenem Kürbis

FÜR 4 PORTIONEN

1 kg	**Hokkaido-Kürbis**
6 EL	**Olivenöl**
2 Prisen	**Cayennepfeffer**
2 TL	**Paprikapulver, edelsüß**
	Salz, Pfeffer
500 g	**Bandnudeln**
2 EL	**Erdnüsse**
8 Stiele	**Grünkohl**
2	**rote Zwiebeln**
2	**Knoblauchzehen**
1 Prise	**geriebene Muskatnuss**
1 Stück	**Ingwer (ca. 2–3 cm)**
350 ml	**Mandelmilch**

Zubereitung ca. 45 Minuten
Pro Portion ca. 807 kcal, 23 g E, 29 g F, 112 g KH

1 Den Backofen auf 200 Grad (Umluft 180) vorheizen. Kürbis waschen, entkernen und in schmale Spalten schneiden. 4 EL Olivenöl mit Cayennepfeffer und Paprikapulver verrühren. Die Kürbisspalten darin marinieren. Ein Backblech mit Backpapier auslegen, Kürbis darauf verteilen und ca. 20 Minuten im Ofen backen. Herausnehmen und salzen.

2 Die Nudeln in reichlich Salzwasser bissfest kochen. Erdnüsse in einer Pfanne ohne Fett rösten und beiseitestellen. Den Grünkohl waschen, trocken tupfen und in Stücke zupfen. Zwiebeln und Knoblauch schälen und klein würfeln. In einer Pfanne das restliche Olivenöl (2 EL) erhitzen. Knoblauch und Zwiebeln darin andünsten. Den Grünkohl hinzugeben und kurz dünsten. Dann alles mit Muskat, Salz und Pfeffer würzen.

3 Den Ingwer schälen und reiben. Den Kürbis bis auf acht Spalten mit der Mandelmilch pürieren. Kürbispüree mit geriebenem Ingwer, Muskat und Salz abschmecken. Die Nudeln abgießen und mit der Kürbissauce vermengen. Nudeln mit Grünkohl und Kürbisspalten anrichten. Mit Erdnüssen bestreut servieren.

SAHNEMÄßIG

Die Mandelmilch lässt sich wunderbar durch die gleiche Menge Kokosmilch austauschen, die ebenfalls vegan und laktosefrei ist. Dann schmecken dazu auch Kokosraspel statt der Erdnüsse ganz hervorragend.

WIRSING-MAULTASCHEN

mit Brokkoli-Stampf

FÜR 4 PORTIONEN

Für den Teig:

2	**Eier (Größe M)**
200 g	**Mehl + etwas zum Arbeiten**
30 g	**Hartweizengrieß**

Für die Füllung:

300 g	**Wirsing**
	Salz, Pfeffer
120 g	**Walnüsse**
200 g	**Quark**
60 g	**Paniermehl**

Für den Stampf:

50 g	**Emmentaler**
500 g	**Brokkoli**
	Salz, Pfeffer
120 g	**Schlagsahne**

Außerdem:

4	**Zwiebeln**
3 EL	**Mehl**
	Salz, Pfeffer
2 EL	**Sonnenblumenöl**
2 EL	**Butterschmalz**
1 Handvoll	**glatte Petersilie**
½ Bund	**Schnittlauch**

Zubereitung ca. 1 Stunde 20 Minuten
+ ca. 30 Minuten Ruhezeit
Pro Portion ca. 981 kcal, 35 g E, 60 g F, 64 g KH

1 Für den Teig Eier, Mehl, Grieß und 3–4 EL Wasser rasch zu einem glatten Teig verarbeiten. Den Teig in Frischhaltefolie eingewickelt ca. 30 Minuten ruhen lassen.

2 Für die Füllung den Wirsing putzen, vierteln, Strunk entfernen und klein schneiden. Wirsing in Salzwasser ca. 5 Minuten kochen. Dann abgießen, kalt abschrecken und mit den Händen das Wasser herausdrücken. Die Walnüsse grob hacken und in einer Pfanne ohne Fett anrösten. Nüsse mit Wirsing, Quark und Paniermehl vermengen und die Mischung mit Salz und Pfeffer würzen.

3 Den Teig in 2 Portionen teilen. Portionen nacheinander gleich groß auf einer bemehlten Arbeitsfläche 2–3 mm dick und rechteckig ausrollen. 8–12 Häufchen der Wirsing-Füllung auf einer Teigplatte verteilen, die Ränder um die Häufchen mit Wasser bepinseln. Die zweite Teigplatte darauflegen und den Teig um die Füllung herum fest andrücken. An den angedrückten Rändern entlang zu Maultaschen schneiden. In kochendem Salzwasser ca. 8 Minuten köcheln lassen. Vorsichtig herausheben und abtropfen lassen.

4 Für den Stampf den Käse grob reiben. Den Brokkoli in Röschen zerteilen, diese in kochendem Salzwasser ca. 5 Minuten köcheln und abgießen. Danach mit Käse und Sahne zerstampfen und mit Salz und Pfeffer abschmecken.

5 Die Zwiebeln schälen und in fingerdicke Ringe schneiden. Das Mehl auf einen flachen Teller geben, mit Salz und Pfeffer würzen und die Zwiebelringe darin wenden. Das Sonnenblumenöl in einer Pfanne erhitzen. Zwiebelringe darin knusprig braten und auf Küchenpapier abtropfen lassen. Butterschmalz in einer beschichteten Pfanne erhitzen und die Maultaschen darin bei mittlerer Hitze leicht anbräunen. Abgezupfte Petersilienblätter dazugeben und mit Salz und Pfeffer würzen. Maultaschen mit Brokkoli-Stampf auf den Tellern anrichten. Mit Zwiebelringen und Schnittlauch bestreut servieren.

YUM TAM TAM
Die roten Ravioli mit Spinat-Nuss-Füllung erobern die Herzen Ihrer Gäste im Sturm:
ROTE-BETE-HERZ-RAVIOLI
yumtamtam.de/rote-bete-ravioli/

KÜRBIS-SPÄTZLE

mit Feldsalat und Birne

FÜR 4 PORTIONEN

400 g	**Hokkaido-Kürbis**
400 g	**Lauch**
300 g	**Birnen**
150 g	**Feldsalat**
50 g	**Kürbiskerne**
1 geh. EL	**Butter**
2 EL	**Olivenöl**
500 g	**Spätzle**
	Salz, Pfeffer
2 EL	**Haselnussöl**

Zubereitung ca. 40 Minuten
Pro Portion ca. 668 kcal, 21 g E, 30 g F, 77 g KH

YUM TAM TAM

Schön deftig! Der Klassiker mit viel Käse und selbst gemachten Spätzle hat Suchtfaktor:

KÄSESPÄTZLE

yumtamtam.de/kaesespaetzle/

1 Den Kürbis waschen, vierteln, entkernen und das Fruchtfleisch klein würfeln. Den Lauch putzen und in fingerdicke Ringe schneiden. Birnen vierteln, Kerngehäuse entfernen und die Viertel in Spalten schneiden. Den Feldsalat putzen und in kaltes Wasser legen. Die Kürbiskerne grob hacken, ohne Fett in einer Pfanne anrösten und herausnehmen.

2 Butter und Öl in einer beschichteten Pfanne erhitzen. Kürbis, Lauch und Birne darin bei mittlerer Hitze ca. 15 Minuten langsam anbraten. In der Zwischenzeit die Spätzle nach Packungsanweisung in Salzwasser kochen, dann abgießen und abtropfen lassen.

3 Den Feldsalat abgießen und abtropfen lassen. Die Spätzle mit den Kürbiskernen und dem Salat unter das angebratene Gemüse heben. Mit Salz, Pfeffer und Haselnussöl würzen und sofort servieren.

ERBSEN-GNOCCHI

mit Spinat-Pesto

FÜR 4 PORTIONEN

Für das Pesto:

- 120 g **Parmesan**
- 4 **Knoblauchzehen**
- 120 g **junger Blattspinat**
- 100 ml **Olivenöl**
- **Salz, Pfeffer**

Außerdem:

- 400 g **TK-Erbsen**
- **Salz, Pfeffer**
- 12 **eingelegte, getrocknete Tomaten**
- 700 g **frische Gnocchi**

Zubereitung ca. 30 Minuten
Pro Portion ca. 590 kcal, 22 g E, 34 g F, 47 g KH

30

1 Für das Pesto den Parmesan reiben. 1 EL Parmesan zur Seite stellen. Den Knoblauch schälen und grob hacken. Den Spinat waschen und trocken schleudern. Einige Spinatblätter beiseitelegen. Den restlichen Spinat mit Parmesan, Knoblauch und Olivenöl in ein hohes Gefäß geben und pürieren. Das Pesto mit Salz und Pfeffer abschmecken.

2 Die Erbsen in kochendem Salzwasser ca. 3 Minuten garen. Abgießen und abtropfen lassen. Die getrockneten Tomaten in kleine Stücke schneiden. Währenddessen die Gnocchi nach Packungsanleitung in reichlich Salzwasser kochen.

3 Die Gnocchi abgießen und in den Topf zurückgeben. Das Pesto zu den Gnocchi geben und alles gut vermischen. Gnocchi mit den Erbsen und den getrockneten Tomaten anrichten. Mit dem übrigen Parmesan und den restlichen Spinatblättern bestreuen und servieren.

JEDER FÜR SICH

Damit übrig gebliebene Gnocchi nicht zusammenkleben, mit etwas Olivenöl mischen. Zum Erwärmen dann einfach in die Pfanne geben und vorsichtig erhitzen. Eventuell noch etwas Öl hinzufügen.

Baukasten:

PESTO

Nicht geschüttelt, püriert! Der italienische Klassiker aus Öl, Basilikum, Pinienkernen und geriebenem Hartkäse ist längst kein großes Geheimnis mehr. Ihre eigene Kreation aus spannenden Zutaten aber vielleicht schon …

Gemüse & Kräuter

Sie sind die Grundlage für das Pesto und die wichtigste Geschmackskomponente. Hoch im Kurs sind Pestos mit Kräutern, Gemüse oder getrockneten Zutaten. Zu den beliebtesten Kräutern zählen Basilikum, Petersilie, Koriander und Bärlauch. Die Kräuter können einzeln oder auch kombiniert verwendet werden (z. B. Bärlauch und Petersilie). Aus Paprika, getrockneten Tomaten und Pilzen lassen sich ebenfalls herrliche Pestos herstellen.

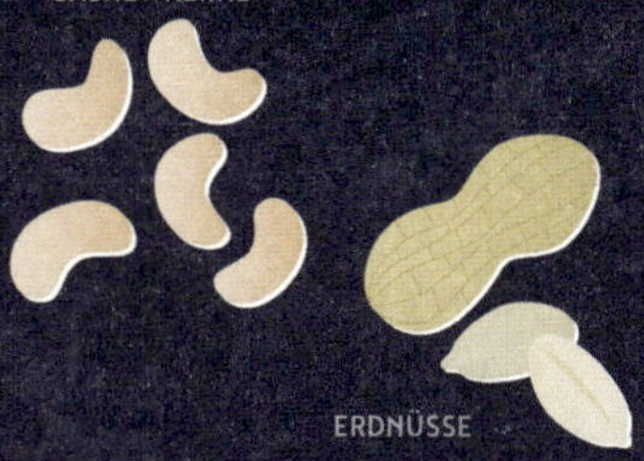

Nüsse & Co.

Pinienkerne sind die Klassiker im Pesto alla Genovese aus Basilikum. Aber auch Cashewkerne, Erdnüsse (z. B. mit Koriander), Macadamiakerne oder Pekannüsse können Sie verwenden. Einfach ausprobieren, was Ihnen wozu am besten gefällt.

Aufbau

Nach diesem Muster sind fast alle Pestos aufgebaut. Links und rechts finden Sie viele tolle Ideen für jede der fünf Komponenten:

GEMÜSE & KRÄUTER
ca. 150 g

NÜSSE & CO.
ca. 80 g

ÖL
ca. 200 ml

GERIEBENER KÄSE
ca. 150 g

WÜRZE
nach Geschmack

Öl

Ein hochwertiges Öl ist neben den Kräutern die wichtigste Zutat für ein gutes Pesto. Am beliebtesten ist natürlich Olivenöl. Aber Sie können auch Raps-, Nuss-, Sonnenblumen- und Traubenkernöl verwenden. Intensive Öle, etwa Walnussöl, können auch mit Raps- oder Olivenöl gemischt werden.

Käse

Für die typische Konsistenz und den herzhaften Geschmack ist Käse im Pesto unverzichtbar. Geeignet sind alle harten Käsesorten wie Parmesan, Pecorino oder Manchego. Am besten wird er frisch gerieben, damit er nicht austrocknet.

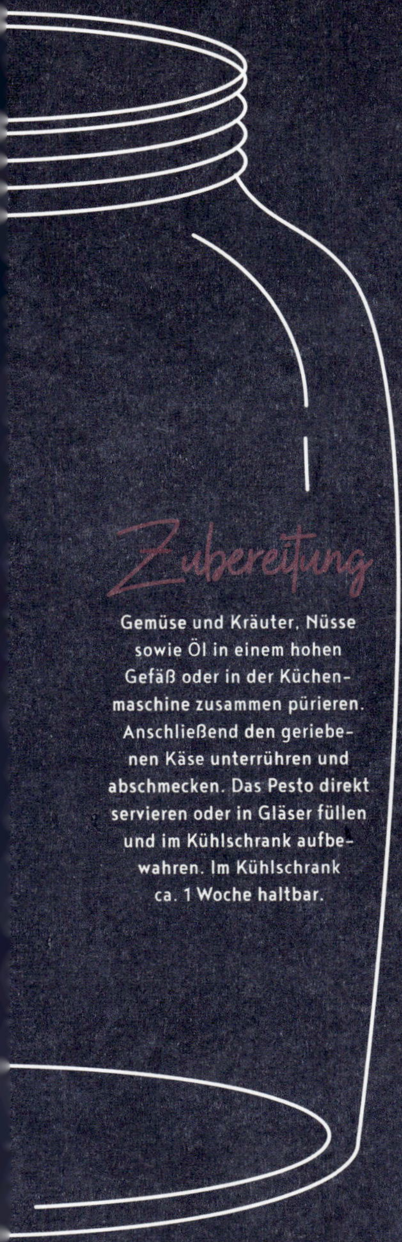

Zubereitung

Gemüse und Kräuter, Nüsse sowie Öl in einem hohen Gefäß oder in der Küchenmaschine zusammen pürieren. Anschließend den geriebenen Käse unterrühren und abschmecken. Das Pesto direkt servieren oder in Gläser füllen und im Kühlschrank aufbewahren. Im Kühlschrank ca. 1 Woche haltbar.

Würze

Meersalz und frisch gemahlener Pfeffer sind Pflicht. Danach beginnt die Kür. Knoblauch am besten fein hacken und zum Schluss zugeben, da er beim Pürieren sehr dominant wird. Zitronenschale und -saft bringen Frische ins Pesto, etwas Chili liefert Schärfe (z. B. im Paprika-Pesto).

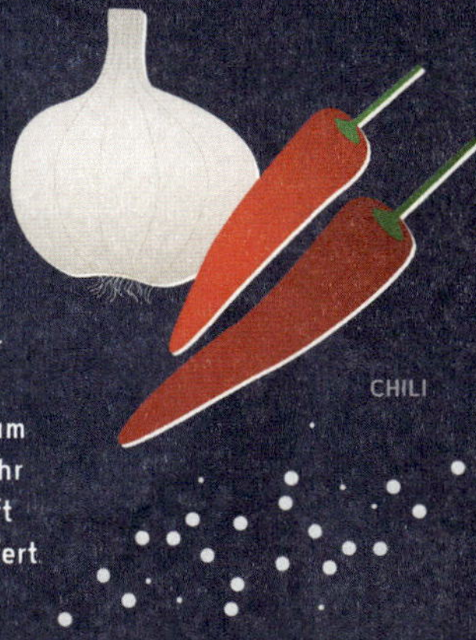

PASTINAKEN-ZUCCHINI-NUDELN

mit Pistaziensauce

FÜR 4 PORTIONEN

Für die Sauce:

2	**Zwiebeln**
2	**Knoblauchzehen**
1	**Bio-Zitrone**
80 g	**geschälte Pistazien**
3 EL	**Olivenöl**
100 ml	**Gemüsebrühe**
150 g	**Schlagsahne**
	Salz, Pfeffer

Außerdem:

400 g	**Pastinaken**
1 kg	**Zucchini (gelb, grün)**
50 g	**Parmesan**
	Salz, Pfeffer
1 Handvoll	**Kräuter zum Garnieren**

Zubereitung ca. 40 Minuten
Utensilien Spiralschneider
Pro Portion ca. 531 kcal, 16 g E, 40 g F, 26 g KH

Mach's vegan
Verwenden Sie statt der Schlagsahne die gleiche Menge Sojacreme. Und bestreuen Sie die Nudeln statt mit Parmesan mit den Pistazienbröseln von Seite 181.

1 Die Zwiebeln und den Knoblauch schälen und fein hacken. Die Zitrone heiß waschen und trocken reiben. Mit dem Sparschäler 2 Streifen Schale abziehen und den Saft auspressen. Die Pistazien grob hacken und in einer Pfanne ohne Fett anrösten. Herausnehmen und abkühlen lassen.

2 Das Öl in einer großen beschichteten Pfanne erhitzen. Zwiebeln und Knoblauch darin bei mittlerer bis starker Hitze goldbraun anrösten. Die Pistazien dazugeben und ca. 1 Minute mitbraten. Mit Brühe und Sahne ablöschen und aufkochen lassen. Dann die Hitze reduzieren und die Sauce ca. 3 Minuten köcheln lassen. Den Topf vom Herd nehmen, die Zitronenschale unterheben und die Sauce mit Salz und Pfeffer würzen.

3 Für die Gemüsenudeln die Pastinaken schälen, die Zucchini waschen und putzen. Beides mit dem Spiralschneider zu „Nudeln" drehen. Den Parmesan grob reiben. Die Gemüsenudeln in stark kochendem Salzwasser höchstens 30 Sekunden kochen, abgießen und mit dem Zitronensaft in die warme Sauce geben. Alles mit Salz und Pfeffer abschmecken und mit Parmesan und frischen Kräutern bestreut servieren.

IM HANDUMDREHEN

Keinen Spiralschneider griffbereit? Dann das gewaschene oder geschälte Gemüse mit einem Sparschäler oder einem Gemüsehobel der Länge nach in breite Streifen schneiden. Diese können Sie wie Bandnudeln verwenden oder noch einmal in 3 bis 4 Schichten übereinanderlegen und mit einem großen Küchenmesser in ganz dünne Streifen schneiden.

YUM TAM TAM
Aus geschmorten Tomaten, Feta und Zucchininudeln wird ganz leicht der nächste Partyhit:
ZOODLES-SALAT
yumtamtam.de/zucchini-nudel-salat/

MÖHREN-NUDELN

mit Erdnusssauce

FÜR 4 PORTIONEN

Für die Sauce:

- 200 g **Erdnussbutter**
- 2 EL **Olivenöl**
- 2 EL **Sojasauce**
- 2 EL **Limettensaft**
- 2 TL **flüssiger Honig**
- 2 **Knoblauchzehen**
- 1 Stück **Ingwer (ca. 2–3 cm)**

Außerdem:

- 8 **große Möhren**
- **Salz, Pfeffer**
- 4 EL **geröstete Erdnüsse**
- 2 EL **Sesam**
- 1 Handvoll **Koriander**
- 2 TL **Chiliflocken**

Zubereitung ca. 35 Minuten
Utensilien Spiralschneider
Pro Portion ca. 539 kcal, 21 g E, 34 g F, 47 g KH

Mach's vegan
Den Honig durch die gleiche Menge Zucker ersetzen.

1 Für die Erdnusssauce die Erdnussbutter, das Olivenöl, die Sojasauce, den Limettensaft und den Honig verrühren. Die Knoblauchzehen schälen und pressen. Den Ingwer dünn schälen und fein raspeln. Alles zur Erdnusssauce geben. Nach und nach etwas Wasser unter Rühren hinzufügen, bis eine cremige Sauce entsteht.

2 Die Möhren schälen und mit einem Spiralschneider zu „Nudeln" drehen. In Salzwasser 2–3 Minuten köcheln lassen, abgießen und abtropfen lassen. Gemüsenudeln in Nestern auf 4 Teller verteilen.

3 Erdnusssauce über den Gemüsenudeln verteilen und mit Erdnüssen, Sesam, grob gehackten Korianderblättern und Chiliflocken bestreuen. Nach Geschmack mit Salz und Pfeffer würzen.

BROKKOLI-BRATNUDELN

mit Seitan und süßsaurer Sauce

FÜR 4 PORTIONEN

Für das Gemüse:

- 400 g **Seitan**
- 2 **Knoblauchzehen**
- 1 **Zwiebel**
- 1 **Möhre**
- 1 **rote Paprikaschote**
- 250 g **Brokkoli**
- 2 EL **Sesamöl**
- 200 ml **Gemüsebrühe**

Für die Sauce:

- 4 EL **Tomatenketchup**
- 2 EL **Weißweinessig**
- 3 EL **Sojasauce**
- 1 EL **Ahornsirup**
- 2 EL **Orangensaft**
- 1 Prise **Paprikapulver, edelsüß**

Außerdem:

- 130 g **Mie-Nudeln**
- 1 Handvoll **Koriander**
- 4 EL **Sesam**

Zubereitung ca. 30 Minuten
Pro Portion ca. 463 kcal, 25 g E, 23 g F, 36 g KH

30

1 Den Seitan in Würfel schneiden. Knoblauch und Zwiebel schälen. Den Knoblauch fein hacken und die Zwiebel in Streifen schneiden. Die Möhre schälen und in dünne Stifte schneiden. Die Paprikaschote waschen, vierteln, Kerne und Strunk entfernen und ebenfalls in Streifen schneiden. Brokkoli in Röschen teilen und waschen.

2 Das Sesamöl in einer beschichteten Pfanne oder einem Wok erhitzen. Seitan und Gemüse ca. 5 Minuten unter gelegentlichem Rühren andünsten. Mit Gemüsebrühe ablöschen und zugedeckt 10-15 Minuten bei niedriger Hitze garen. Inzwischen für die Sauce den Ketchup mit Essig, Sojasauce, Ahornsirup und Orangensaft verrühren. Mit Paprikapulver abschmecken.

3 Die Mie-Nudeln nach Packungsanleitung zubereiten. Süßsaure Sauce und Mie-Nudeln zum Gemüse in die Pfanne oder den Wok geben und ca. 5 Minuten bei mittlerer Hitze mitbraten, dabei gut durchschwenken. Die Korianderblättchen abzupfen. Fertiges Gericht in Schüsseln füllen, mit Sesam und Koriander bestreut servieren.

SPITZKOHL-BANDNUDELN

mit dicken Bohnen und Käsesauce

FÜR 4 PORTIONEN

Für das Gemüse:

- 1,2 kg **dicke Bohnen (TK)**
- 400 g **Spitzkohl**
- 300 g **Petersilienwurzeln**
- 5-6 EL **Olivenöl**
- **Salz, Pfeffer**

Für die Sauce:

- 3 **Schalotten**
- 2 **Knoblauchzehen**
- 80 g **Bergkäse**
- 200 g **Schlagsahne**

Außerdem:

- 400 g **Bandnudeln**
- **Salz**

Zubereitung ca. 45 Minuten
Pro Portion ca. 1.040 kcal, 40 g E, 43 g F, 118 g KH

1 Die Bohnen in kochendem Wasser ca. 4 Minuten blanchieren, abgießen und abschrecken. Die Bohnenkerne aus der Hülse drücken. Den Spitzkohl vierteln, den Strunk entfernen und in dünne Scheiben schneiden. Petersilienwurzeln schälen und längs vierteln.

2 In einer großen Pfanne 3 EL Olivenöl erhitzen. Petersilienwurzeln darin bei mittlerer bis starker Hitze ca. 5 Minuten anbraten. Dann Bohnen und Spitzkohl dazugeben und ca. 3 Minuten mitbraten. Das Gemüse mit Salz und Pfeffer würzen.

3 Die Schalotten und Knoblauchzehen schälen und grob hacken. Den Bergkäse grob reiben. Das restliche Olivenöl (2-3 EL) in einem Topf erhitzen. Knoblauch und Schalotten darin ca. 3 Minuten glasig dünsten. Sahne hinzufügen und aufkochen, dann die Hitze ausstellen und den Käse unter ständigem Rühren hinzufügen.

4 In der Zwischenzeit die Bandnudeln nach Packungsanleitung in Salzwasser bissfest kochen, danach abgießen und gut abtropfen lassen. Nudeln in die Käsesauce geben und alles gut verrühren. Mit Salz und Pfeffer abschmecken. Bandnudeln mit dem Gemüse servieren.

FESTE SCHALE – ZARTER KERN

Dicke Bohnen habe eine feste Hülle, die nicht genießbar ist. Gegessen werden nur die flachen, unregelmäßig geformten Samen. Sie sind daher etwas arbeitsaufwendiger als andere Bohnensorten. Aus 2 kg Schoten erhält man 500 g Kerne. Die rohen Kerne werden aus der Hülle gepult und dann mit kaltem Wasser gespült. Es geht aber auch einfacher: Gekochte Kerne lassen sich besser aus der Hülse drücken.

SPAGHETTI CARBONARA

mit Erbsen und Zuckerschoten

FÜR 4 PORTIONEN

Für die Pasta:

120 g	**Zuckerschoten**
450 g	**Spaghetti**
	Salz
250 g	**TK-Erbsen**

Für die Sauce:

2	**Bio-Zitronen**
300 g	**Schlagsahne**
60 g	**Parmesan**
2	**Eier (Größe M)**
	Salz, Pfeffer
10 Stiele	**Kerbel**

Zubereitungszeit ca. 25 Minuten
Pro Portion ca. 808 kcal, 29 g E, 32 g F, 99 g KH

25

1 Die Zuckerschoten waschen, putzen und schräg in feine Streifen schneiden. Die Zitronen heiß abwaschen und abtrocknen. Eine Zitrone halbieren und auspressen. Die zweite Zitrone in Scheiben schneiden.

2 Die Spaghetti in einem großen Topf in reichlich Salzwasser nach Packungsanleitung bissfest kochen. Ca. 4 Minuten vor Ende der Garzeit die Erbsen hinzugeben, aufkochen und mit den Spaghetti zu Ende garen. Zum Schluss ganz kurz die Zuckerschoten mit ins Nudelwasser geben.

3 In der Zwischenzeit die Sahne in einem kleinen Topf aufkochen lassen. Den Parmesan grob reiben und mit den Eiern in einer kleinen Schüssel mit dem Zitronensaft verrühren. Unter Rühren die heiße Sahne zugießen. Kräftig mit Salz und Pfeffer würzen. Die Spaghetti mit Erbsen und Zuckerschoten in ein Sieb abgießen, abtropfen lassen und sofort zurück in den Topf geben. Eiersahne untermischen. Die Spaghetti Carbonara mit den Zitronenscheiben auf Tellern anrichten. Die Kerbelblättchen abzupfen und die Nudeln damit bestreut servieren.

SPARGEL-PASTA

mit Zitronen-Sahnesauce

FÜR 4 PORTIONEN

Für die Sauce:

2 **rote Zwiebeln**
2 **Knoblauchzehen**
3 EL **Butter**
400 g **Schlagsahne**
4 EL **Zitronensaft**
Salz, Pfeffer

Für das Gemüse:

500 g **grüner Spargel**
3 EL **Rapsöl**
Salz, Pfeffer
1 Prise **geriebene Muskatnuss**
250 g **gelbe Mini-Tomaten**

Außerdem:

500 g **Spaghetti**
Salz
60 g **Pinienkerne**
40 g **Parmesan**
2 Zweige **Thymian**

Zubereitung ca. 45 Minuten
Pro Portion ca. 1.099 kcal, 27 g E, 62 g F, 108 g KH

1 Die Zwiebeln und den Knoblauch schälen und fein hacken. Die Butter in einem Topf erhitzen. Zwiebeln und Knoblauch darin andünsten. Sahne und Zitronensaft zufügen und etwas einkochen. Die Sauce mit Salz und Pfeffer abschmecken.

2 Den Spargel waschen, die Enden abschneiden und die Stangen in 3–4 cm lange Stücke schneiden. Das Rapsöl in einer Pfanne erhitzen. Den Spargel darin 8–10 Minuten braten, bis er gar, aber noch bissfest ist. Mit Salz, Pfeffer und Muskat würzen. Inzwischen die Spaghetti nach Packungsanleitung in reichlich Salzwasser bissfest kochen.

3 Die Pinienkerne in einer Pfanne ohne Öl rösten. Den Parmesan reiben. Die Mini-Tomaten waschen und halbieren. Die Nudeln abgießen und abtropfen lassen, dann in die Sauce geben und kurz durchschwenken. Spaghetti mit den Tomaten, dem Spargel und den Pinienkernen anrichten. Mit Thymian und Parmesan bestreut servieren.

AUBERGINEN-RIGATONI

mit Tomatensauce und Oliven

FÜR 4 PORTIONEN

5	**Knoblauchzehen**
300–400 g	**Auberginen**
6 EL	**Sonnenblumenöl**
2	**Zwiebeln**
65 g	**grüne Oliven ohne Stein**
600 g	**Tomaten**
1	**Bio-Zitrone**
½ Bund	**Basilikum**
½ Bund	**Oregano**
½ Bund	**glatte Petersilie**
3 EL	**Olivenöl**
200 g	**passierte Tomaten**
½ TL	**Zucker**
500 g	**Rigatoni**
	Salz, Pfeffer
4 EL	**Ziegenfrischkäse**

Zubereitung ca. 1 Stunde 10 Minuten
Pro Portion ca. 837 kcal, 22 g E, 35 g F, 107 g KH

Mach's vegan!
Den Ziegenkäse weglassen. Stattdessen können Sie eine vegane Joghurt-Alternative verwenden, z.B. aus Soja.

1 Den Knoblauch schälen. 2 Knoblauchzehen in Scheiben schneiden. Die Auberginen putzen und in ca. 2 cm große Stücke schneiden. Das Sonnenblumenöl in einer beschichteten Pfanne erhitzen. Die in Scheiben geschnittenen Knoblauchzehen und die Auberginen darin bei mittlerer Hitze ca. 20 Minuten langsam anbraten.

2 Inzwischen die Zwiebeln schälen und mit dem restlichen Knoblauch grob hacken. Die Oliven abtropfen lassen. Die Tomaten putzen und klein würfeln. Die Zitrone heiß waschen, trocken reiben und mit dem Sparschäler 1 Streifen Schale abziehen. Die Kräuterblätter abzupfen.

3 Das Olivenöl in einem Topf erhitzen. Restlichen Knoblauch und Zwiebeln darin bei mittlerer bis starker Hitze goldbraun anrösten. Oliven, Tomaten und passierte Tomaten hinzufügen. Alles bei mittlerer Hitze ca. 15 Minuten köcheln lassen. Die Hitze reduzieren, dann Zitronenschale, Zucker und Kräuter hinzufügen und weitere 10 Minuten köcheln lassen.

4 Die Rigatoni nach Packungsanleitung in Salzwasser bissfest garen, abgießen und abtropfen lassen. Die Auberginen samt Knoblauch und Öl unter die Tomatensauce heben. Mit Salz und Pfeffer abschmecken. Rigatoni mit der Sauce und dem Ziegenkäse servieren.

Die Rosmarin-Croûtons
mit Knoblauch von
Seite 181 sorgen für
einen knackigen Biss

3 x
Bolognese
1
2
3

1 PILZ-BOLOGNESE

mit Kräuterseitlingen

FÜR 4 PORTIONEN

1 Zunächst **800 g gemischte Pilze** (Kräuterseitlinge, Austernpilze und braune Champignons) putzen und in Stücke oder Scheiben schneiden. **3 Knoblauchzehen** und **2 Zwiebeln** schälen und klein hacken.

2 Dann **5 EL Olivenöl** in einem großen Topf erhitzen. Pilze, Knoblauch und Zwiebeln darin goldbraun anrösten. Dann **½ EL Tomatenmark** unterrühren und kurz mitrösten. **1 Packung stückige Tomaten** (400 g) dazugeben. Alles mit **300 ml Gemüsebrühe** ablöschen. Die Sauce aufkochen und ca. 10 Minuten köcheln lassen. Sauce mit **Zucker, Salz** und **Pfeffer** würzen.

3 Inzwischen **500 g Spaghetti** nach Packungsanleitung bissfest kochen. Danach abgießen, nicht abschrecken und abtropfen lassen. Die Spaghetti mit der Pilz-Bolognese servieren. Nach Belieben mit **einigen Stielen Basilikum** und **Petersilie** bestreuen.

Zubereitung ca. 30 Minuten
Pro Portion ca. 643 kcal, 22 g E, 17 g F, 99 g KH

30

2 LINSEN-BOLOGNESE

mit roten Zwiebeln

FÜR 4 PORTIONEN

1 Zunächst **200 g rote Linsen** gründlich abbrausen. **3 Knoblauchzehen** und **2 rote Zwiebeln** schälen. Beides klein hacken.

2 Dann **5 EL Olivenöl** in einem großen Topf erhitzen. Knoblauch und Zwiebeln darin goldbraun anrösten. Dann **½ EL Tomatenmark** unterrühren und kurz mitrösten. **1 Packung stückige Tomaten** (400 g) dazugeben. Alles mit **500 ml Gemüsebrühe** ablöschen. Die Sauce aufkochen und ca. 15 Minuten köcheln lassen. Mit **Zucker, Salz** und **Pfeffer** würzen.

3 Inzwischen **500 g Spaghetti** nach Packungsanleitung bissfest kochen. Danach abgießen, nicht abschrecken und abtropfen lassen. Spaghetti mit der Linsen-Bolognese servieren. Nach Belieben mit **einigen Stielen Petersilie** und **Schnittlauch** bestreuen.

Zubereitung ca. 35 Minuten
Pro Portion ca. 757 kcal, 29 g E, 18 g F, 120 g KH

3 PAPRIKA-BOLOGNESE

mit Cayennepfeffer

FÜR 4 PORTIONEN

1 Je **1 rote, grüne, gelbe** und **orangefarbene Paprikaschote** waschen und vierteln. Die Kerne und Strünke entfernen, dann in kleine Würfel schneiden. **3 Knoblauchzehen** und **2 Zwiebeln** schälen. Beides klein hacken.

2 Danach **2 EL Olivenöl** in einem großen Topf erhitzen. Paprika, Knoblauch und Zwiebeln darin goldbraun anrösten. Anschließend **½ EL Tomatenmark** unterrühren und kurz mitrösten. **1 Packung stückige Tomaten** (400 g) dazugeben. Alles mit **300 ml Gemüsebrühe** ablöschen. Die Sauce aufkochen und ca. 10 Minuten köcheln lassen. Mit **Zucker, Salz** und **Cayennepfeffer** würzen.

3 Inzwischen **500 g Spaghetti** nach Packungsanleitung bissfest kochen. Danach abgießen, nicht abschrecken und abtropfen lassen. Spaghetti mit der Paprika-Bolognese servieren. Nach Belieben mit **einigen Stielen Basilikum** und **Thymian** bestreuen.

Zubereitung ca. 30 Minuten
Pro Portion ca. 566 kcal, 19 g E, 8 g F, 103 g KH

30

BITTE NICHT ABSCHRECKEN!

Die fertige Pasta nach dem Kochen nicht abschrecken, sondern sofort mit der Sauce mischen. So haftet diese perfekt an den heißen Nudeln.

Fürs Blech

Außen knusprig, innen mhmmm – so lieben wir Gemüse aus dem Ofen. Denn wenn Pastinake, Sellerie, Kartoffel oder Paprika aufs Blech wandern, intensivieren sich ihre Aromen. Dazu kommt noch der herrliche Röstgeschmack, der beim Schmurgeln auf dem Blech mit etwas Öl und aromatischen Gewürzen entsteht.

Auflauf, Quiche & Pizza

WO OFEN-TRÄUME WAHR WERDEN

Es soll ja Käse-Naschkatzen geben, die gratinierte Ofengerichte vor allem wegen ihrer herzhaften Kruste lieben. Für diese Spezies ist das folgende Kapitel ein Hochgenuss. Gratins und Ofengemüse dürften genauso begeisterte Abnehmer finden wie Aufläufe und Pizzen. Mit Gemüse backt es sich nämlich auch besonders gut.

Noch einen Dip dazu?
Wie wär's mit dem
Cashew-Dip mit Koriander
von Seite 186?

SELLERIE-AUFLAUF

mit Halloumi

FÜR 4 PORTIONEN

600 g	**Staudensellerie**
400 g	**Halloumi**
2	**rote Zwiebeln**
40 g	**Parmesan**
100 g	**Bergkäse**
200 g	**Schlagsahne**
100 ml	**Gemüsebrühe**
150 g	**Ricotta**
	Salz, Pfeffer
1 TL	**Chiliflocken**
2 Stiele	**Thymian**

Zubereitung ca. 25 Minuten + ca. 30 Minuten Backzeit
Utensilien ovale Auflaufform oder Schmortopf
Pro Portion ca. 610 kcal, 36 g E, 48 g F, 7 g KH

1 Die Selleriestangen waschen und putzen. Den Halloumi in große Stücke schneiden. Die roten Zwiebeln schälen und in dicke Ringe schneiden. Den Parmesan und den Bergkäse grob reiben.

2 Den Backofen auf 200 Grad (Umluft 180) vorheizen. Die Sahne mit der Brühe zusammen aufkochen und den geriebenen Käse einrühren. Den Topf vom Herd nehmen, den Ricotta unterrühren und alles mit Salz und Pfeffer abschmecken.

3 Den Staudensellerie, den Halloumi und die Zwiebelringe in eine Auflaufform geben, dann mit der Ricotta-Sahne übergießen und mit den Chiliflocken bestreuen. Im Ofen auf der mittleren Schiene ca. 30 Minuten backen. Den Sellerieauflauf anschließend herausnehmen und mit Thymianblättern bestreut servieren.

STANGENWEISE

Staudensellerie gibt es zwar das ganze Jahr, aber gerade im Winter schmeckt der Auflauf auch mit 600 g würzigem Lauch. Am besten zarte, dünne Lauchstangen verwenden. Die Stangen putzen und in kochendem Wasser 2–3 Minuten blanchieren. Abschrecken, abtropfen lassen und dann wie den Staudensellerie verwenden.

KARTOFFEL-SELLERIE-GRATIN

mit Weißkohlsalat

FÜR 4 PORTIONEN

Für das Gratin:

150 g	**Knollensellerie**
400 g	**Kartoffeln, vorwiegend festkochend**
2	**Zwiebeln**
200 g	**Hokkaido-Kürbis**
80 g	**Emmentaler**
200 g	**Schlagsahne**
100 ml	**Milch**
	Salz, Pfeffer
3 Stiele	**glatte Petersilie**

Für den Salat:

500 g	**Weißkohl**
1	**Zwiebel**
½ Bund	**glatte Petersilie**
4 EL	**Weißweinessig**
1 TL	**Meersalz**
2 EL	**Rapsöl**
1 TL	**Zucker**
	Salz, Pfeffer

Zubereitung ca. 30 Minuten + ca. 30 Minuten Marinierzeit + ca. 70 Minuten Backzeit
Utensilien runde Auflauf- oder Tarteform
Pro Portion ca. 434 kcal, 14 g E, 28 g F, 30 g KH

1 Den Backofen auf 180 Grad (Umluft 160) vorheizen. Knollensellerie, Kartoffeln und Zwiebeln schälen. Den Kürbis waschen, vierteln und die Kerne entfernen. Alles zusammen mit einem scharfen Gemüsehobel in sehr feine Scheiben schneiden. Den Emmentaler grob reiben. Sahne und Milch verrühren und mit Salz und Pfeffer kräftig würzen.

2 Das Gemüse in eine Auflaufform geben und mit der Sahnemischung übergießen. Alles mit Käse und Petersilie bestreuen. Das Gratin im Ofen ca. 70 Minuten goldbraun backen.

3 In der Zwischenzeit den Weißkohl vierteln und den Strunk entfernen. Die Zwiebel schälen. Beides in sehr feine Streifen schneiden oder hobeln. Die Petersilienblättchen abzupfen und grob hacken. Zusammen mit Weißkohl, Zwiebeln, Essig, Meersalz, Öl und Zucker in eine Schüssel geben. Alles mit den Händen ca. 5 Minuten kräftig durchkneten. Salat mit Salz und Pfeffer würzen und mindestens 30 Minuten ziehen lassen. Gemüsegratin aus dem Ofen nehmen und mit dem Salat servieren.

TOLLE KNOLLE

Knollensellerie ist nicht jedermanns Sache, obwohl er dank seiner ätherischen Öle ein tolles Aroma hat. Statt mit Sellerie können Sie das Gratin auch mit der gleichen Menge Kohlrabi zubereiten.

Kleine Krönung on top:
die Laugen-Croûtons
mit Honig von Seite 182

Hier brutzeln violette, orangefarbene und gelbe Knollen unterm Käse:

BUNTES KARTOFFEL-GRATIN

edeka.de/
kartoffelgratin.jsp

KOHLRABI-GRATIN

mit Kartoffel-Käse-Haube und Salat

FÜR 4 PORTIONEN

Für das Gratin:

700 g **Kohlrabi**
100 g **Ziegengouda**
1 Bund **Schnittlauch**
150 g **Schlagsahne**
Salz, Pfeffer
400–500 g **Kartoffeln, vorwiegend festkochend**
3–4 EL **Sonnenblumenöl**
80 g **Taleggio (italienischer Weichkäse)**
1 Kugel **Mozzarella (ca. 125 g)**

Für den Salat:

300 g **Kirschtomaten**
300 g **Gurke**
2 EL **heller Balsamicoessig**
4 EL **Olivenöl**
½ TL **Chiliflocken**
½ TL **Zucker**
Salz, Pfeffer
etwas **glatte Petersilie + Schnittlauch zum Garnieren**

Zubereitung ca. 35 Minuten + 30 Minuten Backzeit
Utensilien Auflaufform
Pro Portion ca. 715 kcal, 24 g E, 55 g F, 6 g KH

1 Den Kohlrabi schälen, in ca. ½ cm dicke Scheiben schneiden und in kochendem Salzwasser ca. 5 Minuten blanchieren. Dann abgießen, dabei ca. 150 ml Kochwasser auffangen und den Kohlrabi abschrecken. Den Ziegenkäse grob reiben. Den Schnittlauch grob hacken. Die Sahne mit dem Kochwasser aufkochen, dann den Käse und den Schnittlauch einrühren. Sauce ca. 2 Minuten leicht köcheln lassen. Anschließend die Sauce fein pürieren und mit Salz und Pfeffer würzen.

2 Den Backofen auf 200 Grad (Umluft 180) vorheizen. Den Kohlrabi in einer Auflaufform schichten und mit der Schnittlauch-Sahne-Sauce übergießen. Das Gratin im Ofen ca. 20 Minuten backen. Währenddessen die Kartoffeln schälen und in feine Scheiben hobeln. Das Sonnenblumenöl in einer großen beschichteten Pfanne erhitzen, die Kartoffelscheiben darin bei mittlerer bis starker Hitze von beiden Seiten goldbraun anrösten und mit Salz würzen.

3 Den Taleggio in Scheiben schneiden und den Mozzarella in kleine Stücke reißen. Das Gratin aus dem Ofen nehmen, mit den Kartoffelscheiben und dem Käse belegen, dann weitere 10 Minuten im Ofen fertig backen.

4 Inzwischen für den Salat die Tomaten und die Gurke waschen. Die Tomaten vierteln. Die Gurke halbieren und in dünne Scheiben schneiden. Beides in eine Schüssel geben. Den Essig mit Olivenöl, Chiliflocken, Zucker, Salz und Pfeffer verquirlen und zu den Tomaten und Gurken geben. Das Gratin aus dem Ofen nehmen und mit dem Salat anrichten. Nach Belieben mit frischen Kräutern servieren.

TOMATEN-BROT-AUFLAUF

mit Oliven und Feta

FÜR 4 PORTIONEN

500 g	**Tomaten**
2	**grüne Paprikaschoten**
100 g	**grüne Oliven (ohne Stein)**
400 g	**Ciabatta**
10	**Peperoni (aus dem Glas)**
6 Stiele	**Oregano + etwas zum Bestreuen**
6 EL	**Olivenöl**
	Salz, Pfeffer
200 g	**Feta**

Zubereitung ca. 30 Minuten
Utensilien eckige Auflaufform
Pro Portion ca. 613 kcal, 19 g E, 31 g F, 62 g KH

30

1 Den Backofen auf 220 Grad (Umluft 200) vorheizen. Die Tomaten waschen, putzen und in Spalten schneiden. Die Paprikaschoten waschen, vierteln, Kerne und Strünke entfernen und in Stücke schneiden. Die Oliven halbieren. Das Ciabatta in größere Würfel schneiden. Die Peperoni in breite Ringe schneiden. Die Oreganoblättchen abzupfen und grob hacken.

2 Die Tomaten mit Paprika, Brot, Oregano und Öl vermischen. Mit Salz und Pfeffer kräftig würzen, dann in einer großen Auflaufform gleichmäßig verteilen. Oliven und Peperoni darüberstreuen. Den Feta zerteilen und auf die Brot-Gemüse-Mischung geben. Den Auflauf im Ofen ca. 20 Minuten überbacken. Nach Belieben mit etwas Oregano bestreut servieren.

BOHNEN-MAIS-ENCHILADAS

mit Korianderschmand

FÜR 4 PORTIONEN

Für die Füllung:

1 Dose **Mais (300 g Abtropfgewicht)**
1 Dose **Kidneybohnen (300 g Abtropfgewicht)**
1 **rote Paprikaschote**
1 **Zwiebel**
1 **Knoblauchzehe**
1 EL **Olivenöl**
1 TL **Paprikapulver, edelsüß**
4 EL **BBQ-Honig-Sauce**
Salz
Cayennepfeffer

Außerdem:

100 g **Cheddar**
4 EL **Olivenöl**
4 große **Weizentortillas**

Für den Schmand:

1 Bund **Koriander**
250 g **Schmand**
Salz, Pfeffer

Zubereitung ca. 30 Minuten
Utensilien eckige Auflaufform
Pro Portion ca. 650 kcal, 20 g E, 39 g F, 52 g KH

30

1 Den Backofen auf 200 Grad (Umluft 180) vorheizen. Mais und Bohnen über einem Sieb abspülen und abtropfen lassen. Die Paprikaschote waschen und vierteln. Kerne und Strünke entfernen und in Stücke schneiden. Die Zwiebel und den Knoblauch schälen und fein würfeln.

2 In einer Pfanne das Öl erhitzen. Zwiebeln mit Knoblauch darin kurz anbraten. Paprikapulver zugeben und kurz anrösten. Mais, Bohnen, Paprika, BBQ-Sauce und 50 ml Wasser zugeben. Unter Rühren bei milder Hitze ca. 4 Minuten köcheln lassen. Mit Salz und Cayennepfeffer würzen.

3 Den Cheddar reiben. Eine Auflaufform mit 2 EL Öl einpinseln. Tortillas auf der Arbeitsfläche ausbreiten und mit dem Bohnengemüse füllen. Aufrollen, nebeneinander in die Form legen und mit Cheddar bestreuen. Mit restlichem Öl (2 EL) beträufeln und 6-8 Minuten goldbraun backen.

4 Die Hälfte des Korianders fein hacken. Mit dem Schmand mischen. Mit Salz und Pfeffer würzen. Enchiladas aus der Form nehmen und schräg halbieren. Mit restlichem Koriander bestreuen und mit Schmand servieren.

KOHLROULADE

mit Kartoffel-Füllung und Tomatensauce

FÜR 4 PORTIONEN

Für die Rouladen:

1	**Weißkohl**
	Salz, Pfeffer
550 g	**Kartoffeln, mehligkochend**
3	**Lauchzwiebeln**
1 Bund	**Schnittlauch**
300 g	**Magerquark**
½ TL	**Kümmel**

Für die Sauce:

3	**Zwiebeln**
150 g	**Möhren**
400 g	**Tomaten**
2	**Knoblauchzehen**
3 EL	**Sonnenblumenöl**
1 EL	**Tomatenmark**
300 ml	**Gemüsebrühe**
je 1 TL	**Rosmarin, Oregano und Thymian**
	Salz, Pfeffer

Außerdem:

150 g	**Bergkäse**
1 TL	**Chiliflocken**
1 EL	**Paniermehl**
	frische Kräuter zum Garnieren

Zubereitung ca. 1 Stunde 10 Minuten
+ ca. 40 Minuten Backzeit
Utensilien Auflaufform
Pro Portion ca. 522 kcal, 29 g E, 22 g F, 40 g KH

1 Aus dem Kohl keilförmig den Strunk herausschneiden. Den ganzen Kohl in einem großen Topf in viel Salzwasser zugedeckt ca. 20 Minuten köcheln lassen. Den Kohl herausnehmen, abtropfen und etwas abkühlen lassen. Dann vorsichtig 8 große Blätter ablösen und die dickeren Mittelrippen herausschneiden.

2 Die Kartoffeln gründlich waschen und ca. 20 Minuten kochen lassen. Kartoffeln abgießen, ausdampfen lassen, pellen und grob reiben. Lauchzwiebeln und Schnittlauch fein hacken und mit den Kartoffeln und dem Quark vermengen. Mit Salz, Pfeffer und Kümmel würzen. Die Kohlblätter auf der Arbeitsfläche ausbreiten und die Füllung darauf verteilen. Zunächst die Blattränder einklappen, dann aufrollen.

3 Den Ofen auf 200 Grad (Umluft 180) vorheizen. Die Zwiebeln und die Möhren schälen und mit den Tomaten klein würfeln. Den Knoblauch schälen und fein hacken. Das Öl in einem Topf erhitzen und die vorbereiteten Zutaten darin bei mittlerer bis starker Hitze ca. 5 Minuten andünsten. Das Tomatenmark unterrühren, mit Brühe ablöschen und alles ca. 5 Minuten köcheln lassen. Mit Rosmarin, Oregano, Thymian, Salz und Pfeffer würzen. Die Tomatensauce in eine Auflaufform füllen, die Kohlrouladen hineinlegen und im Ofen auf der mittleren Schiene zunächst ca. 20 Minuten backen.

4 Inzwischen den Käse grob reiben und mit Chiliflocken und Paniermehl mischen. Über die Kohlrouladen streuen und weitere 20 Minuten fertig backen. Die Rouladen aus dem Ofen nehmen, mit frischen Kräutern bestreut servieren.

FÜRS NÄCHSTE MAL

Den übrigen Kohl können Sie prima für die nächste Gemüsesuppe oder den Auflauf einfrieren. Einfach in feine Streifen schneiden und in einen Gefrierbeutel füllen. Übrigens: Wenn Sie etwas Zitronensaft ins Kochwasser geben, behält der Weißkohl seine schöne weiße Farbe.

Extra Würze gibt's mit den Pumpernickel-Croutons mit getrockneten Tomaten von Seite 181

Einen kleinen Knusper-Kick spendiert der Cashew-Mix mit rosa Pfeffer von Seite 194

GEFÜLLTE PAPRIKA

mit Couscous und Tomatensauce

FÜR 4 PORTIONEN

Für die Sauce:

4	**Zwiebeln**
3	**Knoblauchzehen**
400 g	**Tomaten**
100 g	**Staudensellerie**
1	**Chilischote**
3 EL	**Sonnenblumenöl**
1 TL	**Paprikapulver, edelsüß**
1 TL	**gemahlener Kreuzkümmel**
1 EL	**Tomatenmark**
300 ml	**Gemüsebrühe**
	Salz, Pfeffer

Für die Füllung:

100 g	**Couscous**
1 Bund	**gemischte Kräuter (z. B. Minze, Dill, Koriander und Oregano)**
40 g	**geschälte Pistazien**
1	**Bio-Zitrone**
	Salz, Pfeffer

Außerdem:

4	**Paprikaschoten (rot, gelb und grün)**
120 g	**Ziegengouda**
4 EL	**Olivenöl**
etwas	**glatte Petersilie und Minze**

Zubereitung ca. 40 Minuten + ca. 35 Minuten Backzeit
Utensilien eckige Auflaufform
Pro Portion ca. 523 kcal, 16 g E, 36 g F, 32 g KH

1 Die Zwiebeln und den Knoblauch schälen und fein würfeln. Die Tomaten putzen und mit den Selleriestangen klein würfeln. Die Chilischote längs halbieren.

2 Das Öl in einem Topf erhitzen. Zwiebeln, Knoblauch und Sellerie darin bei mittlerer bis starker Hitze ca. 3 Minuten anbraten. Tomaten, Chili, Paprikapulver, Kreuzkümmel und Tomatenmark unterrühren. Mit der Brühe ablöschen und aufkochen lassen. Dann die Hitze reduzieren und alles ca. 10 Minuten leicht köcheln lassen. Salzen und pfeffern.

3 Den Couscous mit 200 ml kochendem Wasser übergießen, dann abgedeckt ca. 10 Minuten ziehen lassen. Inzwischen Kräuterblätter abzupfen und mit den Pistazien grob hacken. Die Zitrone heiß abwaschen und trocken reiben. 1 EL Schale abreiben und den Saft auspressen. Den fertigen Couscous mit der Gabel auflockern. Pistazien, Kräuter, Zitronensaft und -abrieb unterheben. Mit Salz und Pfeffer kräftig abschmecken.

4 Den Backofen auf 180 Grad (Umluft 160) vorheizen. Die Paprikaschoten waschen, halbieren, Kerne und Strünke entfernen. Die Hälften mit der Couscous-Mischung füllen. Die Tomatensauce in eine Auflaufform geben und die Paprikahälften hineinsetzen. Den Ziegenkäse grob reiben und darübergeben. Alles mit Olivenöl beträufeln. Im vorgeheizten Ofen ca. 25 Minuten backen. Dann die Hitze auf 200 Grad (Umluft 180) erhöhen und die Paprika ca. 10 weitere Minuten fertig backen. Die gefüllten Paprika dann aus dem Ofen nehmen, mit abgezupften Petersilienblättchen und Minze bestreuen und sofort servieren.

OFENKARTOFFELN

mit Rotkohl und Kräuter-Dip

FÜR 4 PORTIONEN

Für die Kartoffeln:

4	**große Kartoffeln**
4	**Süßkartoffeln**
	Salz, Pfeffer
650 g	**Rotkohl**
1	**Bio-Orange**
2 EL	**Rotweinessig**
6 EL	**Olivenöl**
250 g	**Feta**
4	**Lauchzwiebeln**
1	**Avocado**
1 EL	**Zitronensaft**
½ TL	**Chiliflocken**
⅓ TL	**Meersalz**
½ Bund	**Schnittlauch**

Für den Dip:

1 Bund	**Kräuter (z. B. Petersilie, Oregano, Thymian und Basilikum)**
½ Bund	**Schnittlauch**
250 g	**Schmand**
150g	**Crème fraîche**
	Salz, Pfeffer

Zubereitung ca. 30 Minuten + ca. 55 Minuten Backzeit
Pro Portion ca. 1.134 kcal, 25 g E, 71 g F, 95 g KH

1 Den Backofen auf 200 Grad (Umluft 180) vorheizen. Beide Kartoffelsorten gründlich waschen und abbürsten. Ein Backblech mit Backpapier auslegen und mit einer Handvoll Salz bestreuen. Die Kartoffeln darauf verteilen und im vorgeheizten Ofen auf der mittleren Schiene ca. 55 Minuten backen.

2 In der Zwischenzeit den Rotkohl vierteln, den Strunk entfernen und fein hobeln. Die Orange heiß waschen und trocken reiben. Mit dem Sparschäler 2 Streifen Schale abziehen und diese fein hacken. Die Orange auspressen. Alles zusammen mit Salz und Pfeffer in eine Schüssel geben und ca. 3 Minuten mit den Händen gründlich verkneten. Dann den Essig und 3 EL Olivenöl untermischen.

3 Den Fetakäse zerbröseln. Die Lauchzwiebeln putzen und in ca. 3 cm lange Streifen schneiden. Die Avocado halbieren und den Kern entfernen. Das Fruchtfleisch aus der Schale lösen, in fingerdicke Spalten schneiden, mit Zitronensaft, Chiliflocken und Meersalz würzen. Den Schnittlauch in Röllchen schneiden.

4 Für den Dip die Kräuterblätter abzupfen und fein hacken. Den Schnittlauch in feine Röllchen schneiden. Kräuter mit dem Schmand und der Crème fraîche cremig rühren. Den Dip mit Salz und Pfeffer würzen.

5 Die Kartoffeln aus dem Ofen nehmen, auf der Oberseite mit einem scharfen Messer kreuzweise einritzen und von den Seiten her zusammendrücken. Mit restlichem Olivenöl (3 EL) beträufeln und mit Salz und Pfeffer würzen. Dann mit Rotkohl, Lauchzwiebeln, Avocado und Feta füllen und mit Schnittlauch garnieren. Dazu den Dip servieren.

Die gefächerten Kartoffeln mit Avocado-Aioli sind ein Hingucker und toll für Gäste:

HASSELBACK-SÜßKARTOFFELN

edeka.de/hasselback-suesskartoffel.jsp

Baukasten:

OFENGEMÜSE

Kürbis, Kartoffeln und Co. gucken gerne in die Röhre. Der Vielfalt an Sorten sind dabei keine Grenzen gesetzt. Zu viel zubereiten kann man auch nicht, denn in verschiedenen Dream-Teams – mit Dips, zu Salat oder auf Quinoa – ist das Gemüse auch noch am nächsten (und sogar übernächsten) Tag ein Highlight für den Gaumen.

Marinade

Einige Esslöffel Flüssigkeit zum Beträufeln sind das A und O bei der Geschmacksvergabe. Gutes Öl macht das Gemüse herrlich nussig im Geschmack, mit Zitronensaft und Pesto wird's mediterran, mit Sojasauce und Tahin (Sesammus) exotisch. Herzhafte Wurzeln wie Pastinaken, Rote Bete und Möhren finden in Honig oder Agavendicksaft einen perfekten Begleiter.

Gemüse

Rot, grün, gelb, lila – je bunter, desto besser! Für den Ausflug in den Ofen muss das Gemüse gewaschen, geputzt und in Streifen oder Stücke geschnitten werden. Bei härteren Sorten wie Möhren, Kartoffeln, Rote Bete und Kürbis empfehlen sich kleinere Stücke, bei weichem Gemüse wie Tomaten, Zucchini und Aubergine größere. Das Gemüse auf einem mit Backpapier ausgelegten Blech verteilen, Marinade, Extras und Crunch hinzugeben und durchmixen. Bei 200 Grad (Umluft 180) ca. 40 Minuten garen.

Extras

Auf die sollte man auf keinen Fall verzichten: Geriebener Käse, Räuchertofu und Gewürze wie Ingwer und Chili verleihen dem Gericht das gewisse Etwas. Kräuter wie Rosmarin, Oregano und Thymian dürfen wie Tofu sofort mit aufs Blech, während Petersilie, Schnittlauch und Basilikum sowie geriebener Käse als frisches Topping besser geeignet sind.

Crunch

Knusper, knusper – wer freut sich nicht, neben dem zarten Gemüse auch eine knusprige Komponente wie Walnüsse, Mandeln, Cashews, Erdnüsse, Kürbiskerne, Pinienkerne oder Sesam zu finden? Einfach mit der Marinade aufs Blech geben und unter das bunte Treiben mischen.

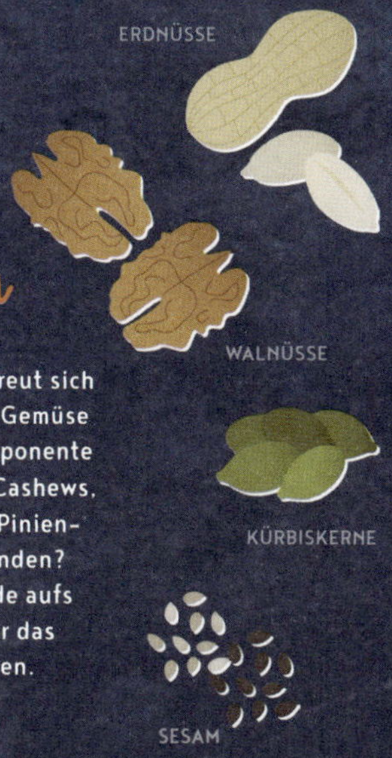

Fertig? Dann fehlt nur noch der passende Dip. Sechs super Vorschläge finden Sie ab Seite 185

KARAMELLISIERTES OFENGEMÜSE

mit Sesam und Dill

FÜR 4 PORTIONEN

- 300 g **Möhren**
- 300 g **Pastinaken**
- 300 g **Petersilienwurzeln**
- 400 g **Hokkaido-Kürbis**
- 500 g **Kartoffeln, vorwiegend festkochend**
- 3 **Zwiebeln**
- **Salz, Pfeffer**
- 2-4 EL **Sesam**
- 80 ml **Ahornsirup**
- 3 **Lauchzwiebeln**
- 1 Handvoll **Dill**
- 1 TL **Chiliflocken**

Zubereitung ca. 30 Minuten + 50 Minuten Backzeit
Pro Portion ca. 329 kcal, 10 g E, 6 g F, 58 g KH

1 Die Möhren, Pastinaken und Petersilienwurzeln schälen und je nach Größe der Länge nach halbieren oder vierteln. Den Kürbis putzen, vierteln, die Kerne entfernen und in fingerdicke Spalten schneiden. Die Kartoffeln gründlich waschen, abbürsten und in mundgerechte Stücke schneiden. Zwiebeln schälen und in fingerdicke Streifen schneiden.

2 Den Backofen auf 210 Grad (Umluft 190) vorheizen. Vorbereitetes Gemüse mit Salz und Pfeffer, Sesam und Ahornsirup in einer großen Schüssel gut vermengen und danach auf einem mit Backpapier ausgelegten Backblech verteilen. Im vorgeheizten Ofen auf der mittleren Schiene 40-50 Minuten backen.

3 Währenddessen die Lauchzwiebeln putzen und in ca. 3 cm lange Streifen schneiden. Das Gemüse aus dem Ofen nehmen, mit Lauchzwiebeln, Dillspitzen und Chiliflocken bestreuen und sofort servieren.

GEWÜRZ-EXPRESS

Ofengemüse lässt sich in alle beliebigen Richtungen aromatisieren. Wer's orientalisch mag, mischt etwas Zimt, Muskatnuss, Anis, Chili und Nelken, gibt sie über das Gemüse und streut vor dem Servieren frische Korianderblätter statt Dill darüber. Mediterran wird's, wenn das Gemüse mit Rosmarin, Thymian, Oregano und etwas Paprikapulver gewürzt wird.

Zum Dippen eignet sich der Hummus mit Curry und Chili von Seite 185 hervorragend

Tomaten gehen immer!
Mit Ziegenkäse und Mürbeteig gibt's eine weitere Rezeptidee:

TOMATEN-QUICHE

edeka.de/tomaten-quiche.jsp

PAPRIKA-ZUCCHINI-QUICHE

mit Kirschtomaten und Mandeln

FÜR 1 QUICHE (4 PORTIONEN)

Für den Teig:

250 g	**Mehl + etwas zum Arbeiten**
120 g	**Magerquark**
120 g	**weiche Butter + etwas für die Form**
1	**Ei (Größe M)**

Für die Füllung:

2	**rote Zwiebeln**
3	**rote Paprikaschoten**
300 g	**Zucchini**
200 g	**bunte Kirschtomaten**
2	**Knoblauchzehen**
2 EL	**Sonnenblumenöl**
	Salz, Pfeffer
80 g	**Cheddar**
3	**Eier (Größe M)**
150 g	**Schlagsahne**
30 g	**ganze Mandeln (ohne Schale)**
5 Zweige	**Thymian**

Zubereitung ca. 30 Minuten + 1 Stunde Kühlzeit + 35 Minuten Backzeit
Utensilien runde Spring- oder Tarteform (ca. Ø 28 cm)
Pro Portion ca. 435 kcal, 14 g E, 30 g F, 28 g KH

1 Für den Teig das Mehl, den Quark, die Butter und das Ei rasch zu einem geschmeidigen Teig verarbeiten. Den Teig dann in Frischhaltefolie gewickelt ca. 30 Minuten in den Kühlschrank legen. Die Quicheform (ca. Ø 28 cm) einfetten und leicht mit Mehl bestäuben. Den Teig auf einer bemehlten Arbeitsfläche rund ausrollen (ca. Ø 30 cm), in die Form legen, etwas andrücken und weitere 30 Minuten kühl stellen.

2 Inzwischen die Zwiebeln schälen und in fingerdicke Ringe schneiden. Die Paprikaschoten waschen und vierteln. Kerne und Strünke entfernen. Die Zucchini putzen. Beides in ca. 2 cm große Stücke schneiden. Die Tomaten waschen und putzen. Den Knoblauch schälen und fein hacken.

3 Das Öl in einer großen beschichteten Pfanne erhitzen. Knoblauch, Zucchini, Paprika und Zwiebeln darin bei starker Hitze ca. 2 Minuten unter ständigem Rühren anrösten. Das Gemüse mit Salz und Pfeffer würzen.

4 Den Backofen auf 200 Grad (Umluft 180) vorheizen. Den Cheddar grob reiben. Die Eier mit der Sahne verquirlen und mit Salz und Pfeffer kräftig würzen. Das gebratene Gemüse mit den Tomaten und den Mandeln in die Quicheform geben. Mit der Eier-Sahne-Mischung übergießen und mit Cheddar und Thymian bestreuen. Die Quiche im Ofen auf der mittleren Schiene ca. 20 Minuten backen, dann die Hitze auf 175 Grad (Umluft 150) reduzieren und weitere 15 Minuten fertig backen.

SCHNELL GEMACHT

Quark-Öl-Teig ist ein Allrounder und eine gute Alternative für Hefeteig. Stattdessen können Sie aber auch einen fertigen Hefe- oder Blätterteig aus dem Kühlregal verwenden. Einfach den Teig in die Form legen und dann wie im Rezept oben weiterverfahren.

ROTE-BETE-TARTE

mit Ziegenkäse und Blumenkohl

FÜR 4 PORTIONEN

Für den Teig:

250 g **Mehl**
+ etwas für die Arbeitsfläche
1 **Ei (Größe M)**
120 g **Quark**
120 g **weiche Butter**
+ etwas für die Form

Für die Füllung:

300 g **Rote Bete**
2 **Zwiebeln**
200 g **Blumenkohl**
200 g **Ziegenkäserolle**
150 g **Schlagsahne**
3 **Eier (Größe M)**
Salz, Pfeffer
2 EL **Olivenöl**
4 Stiele **Majoran**

Zubereitung ca. 40 Minuten + ca. 1 Stunde Kühlzeit + ca. 40 Minuten Backzeit
Utensilien eckige Tarteform (29 x 20 cm)
Pro Portion ca. 510 kcal, 28 g E, 27 g F, 39 g KH

1 Für den Teig das Mehl, das Ei, den Quark und die Butter mit dem Knethaken des Handmixers zu einem geschmeidigen Teig verkneten. Den Teig in Frischhaltefolie gewickelt ca. 1 Stunde im Kühlschrank ruhen lassen.

2 In der Zwischenzeit die Rote Bete und die Zwiebeln schälen. Beides in 1-2 cm große Würfel schneiden. Den Blumenkohl waschen und in Röschen teilen. Die Ziegenkäserolle in ca. 1 cm dicke Scheiben schneiden. Die Sahne mit den Eiern verquirlen und mit Salz und Pfeffer würzen.

3 Das Olivenöl in einer beschichteten Pfanne erhitzen. Rote Bete, Zwiebeln und Blumenkohlröschen darin bei mittlerer bis starker Hitze ca. 8 Minuten goldbraun anrösten und mit Salz und Pfeffer würzen. Den Backofen auf 200 Grad (Umluft 180) vorheizen.

4 Eine Tarteform (29 x 20 cm) mit etwas Butter einfetten und mit Mehl bestäuben. Den Teig auf einer leicht bemehlten Arbeitsfläche etwas größer als die Form quadratisch ausrollen. Den Teig in die Form legen und am Rand andrücken. Die Rote-Bete-Mischung auf dem Teig verteilen und mit der Sahne-Ei-Mischung übergießen. Die Tarte mit dem Käse belegen, mit Majoran bestreuen und auf der untersten Schiene im Ofen ca. 20 Minuten backen. Dann die Ofenhitze auf 180 Grad (Umluft 160) reduzieren und die Tarte weitere 15-20 Minuten fertig backen. Die Tarte aus dem Ofen nehmen und sofort servieren.

ROTE-BETE-PIZZA

mit Oliven und Champignons

FÜR 2 PIZZEN (4 PORTIONEN)

Für den Teig:

200 g	**Rote Bete (vorgegart)**
500 g	**Weizenmehl + etwas zum Arbeiten**
1 Pckg.	**Trockenhefe**
½ TL	**Salz**
2 TL	**Pizzagewürz (ersatzweise Paprikapulver, edelsüß)**
2 EL	**Olivenöl**

Für den Belag:

8	**Champignons**
10	**Kirschtomaten**
2	**Möhren**
3	**rote Zwiebeln**
4 EL	**grünes Pesto**
4 EL	**schwarze Oliven ohne Stein**
etwas	**Öl zum Bepinseln**
2 Kugeln	**Mozzarella (à 125 g)**
1 Handvoll	**junger Blattspinat**
	Salz, Pfeffer

Zubereitung ca. 30 Minuten + ca. 1 Stunde 30 Minuten Ruhezeit + ca. 30 Minuten Backzeit
Pro Portion ca. 793 kcal, 31 g E, 29 g F, 102 g KH

Mach's vegan!
Die Pizza schmeckt auch ohne Mozzarella wunderbar. Den Käse weglassen und die Pizza dafür mit etwas Nussmus beträufeln.

1 Die Rote Bete klein schneiden und mit 200 ml warmem Wasser pürieren. Das Mehl mit Trockenhefe, Salz und Pizzagewürz in einer Schüssel vermischen. Die Rote Bete und das Olivenöl hinzufügen und 3–4 Minuten zu einem glatten Teig verkneten. Eventuell noch etwas Wasser hinzufügen. Den Teig 1 Stunde abgedeckt an einem warmen Ort gehen lassen. Den Teig halbieren und auf zwei bemehlten Stücken Backpapier dünn ausrollen. Die Pizzen auf Backbleche ziehen. Nochmals 30 Minuten gehen lassen. Den Backofen auf 225 Grad (Umluft 200) vorheizen.

2 Inzwischen die Champignons und die Tomaten putzen und in Scheiben schneiden. Die Möhren schälen und in schmale Stifte schneiden. Die Zwiebeln schälen und vierteln. Pizzen mit Pesto bestreichen und mit dem Gemüse belegen. Die Oliven darauf verteilen. Die Pilze und die Zwiebeln mit etwas Öl bestreichen.

3 Die Pizzen nacheinander ca. 30 Minuten auf der untersten Schiene backen. Den Mozzarella in Scheiben schneiden und 5 Minuten vor Ende der Backzeit auf den Pizzen verteilen. Den Spinat putzen. Pizzen aus dem Ofen nehmen, mit Spinat bestreuen und mit Salz und Pfeffer würzen.

ZUCCHINI-PIZZA

mit Tomaten und Quinoa

FÜR 2 PIZZEN (4 PORTIONEN)

300 g	**Quinoa**
	Salz, Pfeffer
etwas	**Butter zum Einfetten**
2 EL	**Aceto Balsamico**
3 TL	**Pizzagewürz (ersatzweise Paprikapulver, edelsüß)**
200 g	**Zucchini**
300 g	**Tomaten**
125 g	**Champignons**
100 g	**Parmesan**
250 g	**Crème fraîche**
etwas	**frischer Oregano**

Zubereitung ca. 25 Minuten + 25 Minuten Backzeit
Utensilien Spring- oder Pizzaform (ca. Ø 26 cm)
Pro Portion ca. 614 kcal, 24 g E, 35 g F, 49 g KH

1 Den Quinoa gründlich waschen, dann mit 750 ml Wasser und etwas Salz ca. 15 Minuten gar kochen. Den Backofen auf 200 Grad (Umluft 180) vorheizen. Zwei Springformen oder Pizzaformen (Ø 26 cm) mit Backpapier auslegen und den Rand fetten.

2 Den Quinoa mit Aceto Balsamico, Salz, Pfeffer und Pizzagewürz mischen und kurz pürieren. Die Masse als Boden in die Formen geben und andrücken. Die Böden im Ofen ca. 10 Minuten vorbacken. Inzwischen die Zucchini und die Tomaten waschen. Die Champignons putzen. Zucchini und Pilze in Scheiben schneiden. Die Tomaten halbieren. Den Parmesan reiben oder hobeln.

3 Die Pizzaböden aus dem Ofen nehmen, mit Crème fraîche bestreichen und mit dem Gemüse belegen. Pizzen weitere 15 Minuten backen. Mit Salz und Pfeffer würzen und den geriebenen Parmesan darübergeben. Die Pizzen mit frischem Oregano bestreut servieren.

1
2
3x
Blumenkohl
3

1 CURRY-BLUMENKOHL
mit Röstzwiebeln

FÜR 4 PORTIONEN

1 Den Backofen auf 200 Grad (Umluft 180) vorheizen. **1 Blumenkohl** putzen. 200 ml Wasser auf ein Backblech gießen und den Blumenkohl daraufsetzen. **2 EL Butter** und **2 EL Olivenöl** darüber verteilen und mit **Salz** und **Pfeffer** würzen. Im Ofen auf der untersten Schiene ca. 1 Stunde backen.

2 Inzwischen **100 g griechischen Joghurt** (10 % Fett) mit **100 g Naturjoghurt** (3,5 % Fett), **je ½ TL Kreuzkümmel, Koriander, Curry** und **Garam Masala** gut verrühren. Mit Salz und Pfeffer abschmecken.

3 Dann **2 rote Zwiebeln** schälen und in Ringe schneiden. **2 EL Mehl** auf einen Teller geben, salzen und pfeffern. **2 Eier** (Größe M) in einem tiefen Teller verquirlen. **100 g Paniermehl** auf einen weiteren Teller geben. Die Zwiebelringe in dem Mehl wenden, dann durch das Ei ziehen und im Paniermehl wenden.

4 Zuletzt **500 ml Frittieröl** in einem Topf auf 160–170 Grad erhitzen. Die Zwiebeln darin portionsweise knusprig ausbacken, auf Küchenpapier abtropfen lassen und salzen. Den Blumenkohl mit dem Dip und den Zwiebelringen servieren. Dazu passt Reis.

Zubereitung ca. 20 Minuten
+ 1 Stunde Backzeit
Pro Portion ca. 506 kcal, 14 g E, 36 g F, 14 g KH

2 PISTAZIEN-BLUMENKOHL
mit Zitronen-Crème-fraîche

FÜR 4 PORTIONEN

1 Den Backofen auf 200 Grad (Umluft 180) vorheizen. **1 Blumenkohl** putzen. 200 ml Wasser auf ein Backblech gießen und den Blumenkohl daraufsetzen. **2 EL Butter** und **2 EL Olivenöl** darüber verteilen und mit **Salz** und **Pfeffer** würzen. Im Ofen auf der untersten Schiene ca. 1 Stunde backen.

2 Inzwischen **60 g geschälte Pistazien** grob hacken und in einer Pfanne ohne Öl anrösten. **30 g Parmesan** fein reiben und mit **je 1 Handvoll Basilikum- und Petersilienblättern** und **80–100 ml Olivenöl** in einem hohen Gefäß pürieren. Das Pesto mit Salz und Pfeffer abschmecken.

3 Dann **1 Bio-Zitrone** heiß waschen und trocken reiben. 1 Streifen Schale mit dem Sparschäler abschälen und fein schneiden. Den Zitronensaft auspressen. Beides mit **250 g Crème fraîche** verrühren und mit Salz und Pfeffer abschmecken. Den Blumenkohl aus dem Ofen nehmen, mit der Zitronen-Crème-fraîche und dem Pesto servieren. Dazu passen Ofenkartoffeln.

Zubereitung ca. 10 Minuten
+ 1 Stunde Backzeit
Pro Portion ca. 514 kcal, 13 g E, 47 g F, 10 g KH

3 PAPRIKA-BLUMENKOHL
mit Croûtons

FÜR 4 PORTIONEN

1 Den Backofen auf 200 Grad (Umluft 180) vorheizen. **1 Blumenkohl** putzen. 200 ml Wasser auf ein Backblech gießen und den Blumenkohl daraufsetzen. **2 EL Butter** und **2 EL Olivenöl** darüber verteilen und mit **Salz** und **Pfeffer** würzen. Im Ofen auf der untersten Schiene ca. 1 Stunde backen.

2 Inzwischen **2 rote Paprikaschoten** waschen, vierteln, Kerne und Strünke entfernen. **1 rote Zwiebel** schälen. **1 Chilischote** längs halbieren und die Kerne entfernen. **300 g Tomaten** putzen. Alles in grobe Stücke schneiden. **2 EL Öl** erhitzen, alles außer den Tomaten ca. 5 Minuten anrösten. Die Tomaten und **50–80 ml Gemüsebrühe** hinzufügen und weitere 2 Minuten köcheln lassen. Salzen, pfeffern und grob pürieren. Mit **½ TL Paprikapulver, edelsüß** und **¼ TL Cayennepfeffer** abschmecken.

3 Dann **1 Ciabatta-Brötchen** in kleine Würfel schneiden. **4 EL Öl** mit **1 EL Butter** in einer Pfanne erhitzen und das Brot darin goldbraun anrösten. Auf Küchenpapier abtropfen lassen und salzen. Den Blumenkohl mit Paprika-Dip und Croûtons servieren. Dazu passt Pasta.

Zubereitung ca. 20 Minuten
+ 1 Stunde Backzeit
Pro Portion ca. 367 kcal, 9 g E, 27 g F, 22 g KH

Für die Finger

Burger ohne Beef? Döner ohne Spieß? Kein Problem, wenn Hülsenfrüchte wie Kidneybohnen oder Kichererbsen im Spiel sind. Auch Mais macht im Bratling eine gute Figur. Perfekt dazu: Gemüse und Zwiebeln in allen Varianten. Gebraten, roh oder eingelegt und mit würzigen Saucen kombiniert.

Burger, Wraps & Co.

ALLES AUF DIE HAND

Wer braucht schon Messer, Gabel oder Löffel, wenn er das beste Besteck direkt dabeihat? Mit den Fingern essen sich diese vegetarischen Leckereien nämlich besonders gut. Dafür verpackt man angebratenes Gemüse, Falafeln oder Erbsenbratlinge einfach in Tortillafladen, Pitabrote oder Burger-Buns – und fertig ist das grüne Fast Food aus der eigenen Küche.

FALAFEL-PITA

mit Salat

FÜR 4 PORTIONEN

Für die Falafeln:

1 Dose	**Kichererbsen (265 g Abtropfgewicht)**
2	**Zwiebeln**
2	**Knoblauchzehen**
½ Bund	**Kräuter (Petersilie, Koriander)**
1 TL	**gemahlener Kreuzkümmel**
1 TL	**gemahlener Koriander**
½ TL	**Salz**
½ TL	**Backpulver**
3 EL	**Mehl**
2 EL	**Sesam**
700 ml	**Frittieröl**

Für den Salat:

1	**rote Zwiebel**
100 g	**Möhren**
1	**große Tomate**
½	**rote Paprikaschote**
100 g	**Gurke**
1 Bund	**Kräuter (z. B. Minze, Petersilie)**
½	**Zitrone**
3 EL	**Olivenöl**
	Salz, Pfeffer

Außerdem:

1 geh. EL	**Sesam**
2-3 EL	**Tahin**
250 g	**griechischer Joghurt (10 % Fett)**
	Salz, Pfeffer
8	**Pitabrote**
ca. 150 g	**Hummus-Dip (Rezept S. 185)**

Zubereitung ca. 1 Stunde 40 Minuten
Pro Portion ca. 633 kcal, 17 g E, 50 g F, 24 g KH

1 Für die Falafeln die Kichererbsen abgießen und abbrausen. Zwiebeln und Knoblauch schälen und grob hacken. Mit den frischen Kräutern, den Gewürzen und dem Backpulver in einer Küchenmaschine grob bis fein pürieren. Dann die Kichererbsenmasse in einer Schüssel mit Mehl und Sesam zu einem festen Teig verkneten. Daraus 14 Kugeln formen und diese zur Seite stellen.

2 Für den Salat die Zwiebel und die Möhren schälen, Tomate, Paprikaschote und Gurke putzen. Alles klein würfeln. Minze und Petersilie grob hacken. Den Zitronensaft auspressen. Den Salat mit Olivenöl vermengen. Mit Salz und Pfeffer abschmecken.

3 Für den Tahin-Joghurt den Sesam ohne Fett in einer Pfanne anrösten, herausnehmen und abkühlen lassen. Danach Sesam mit Tahin und Joghurt verrühren. Den Dip mit Salz und Pfeffer abschmecken.

4 Das Frittieröl in einem Topf auf 160-170 Grad erhitzen. Die Falafeln darin portionsweise goldbraun und knusprig ausbacken, dann herausnehmen und auf Küchenpapier abtropfen lassen. Währenddessen die Pitabrote im Toaster, in der Grillpfanne oder im Backofen erwärmen. Warme Brote mit Falafeln, Hummus, Salat und Tahin-Joghurt füllen.

GEMÜSE-DÖNER

mit Feta und Gewürzmayonnaise

FÜR 4 PORTIONEN

Für die Füllung:

2	**Zwiebeln**
80 g	**Zuckerschoten**
300 g	**Auberginen**
200 g	**Blumenkohl**
3 EL	**Olivenöl**
½ TL	**gemahlener Kreuzkümmel**
½ TL	**Piment**
½ TL	**gemahlener Koriander**
300 ml	**Gemüsebrühe**
	Salz, Pfeffer
2	**Tomaten**
4	**Gewürzgurken**
1 Bund	**Rucola**
250 g	**Feta**

Für die Mayonnaise:

3 EL	**Mayonnaise**
2 EL	**griechischer Joghurt (10 % Fett)**
½ TL	**Cayennepfeffer**
½ TL	**Paprikapulver, edelsüß**

Außerdem:

1	**Fladenbrot**

Zubereitung ca. 35 Minuten
Pro Portion ca. 582 kcal, 22 g E, 30 g F, 53 g KH

1 Die Zwiebeln schälen. Die Zuckerschoten putzen. Beides in Streifen schneiden. Die Auberginen in 1–2 cm große Würfel schneiden. Den Blumenkohl in kleine Röschen zerteilen.

2 Das Öl in einer Pfanne erhitzen. Zwiebeln, Auberginen und Blumenkohl darin bei mittlerer bis starker Hitze ca. 6 Minuten unter Rühren anbraten. Kreuzkümmel, Piment und Koriander unterrühren und mit der Brühe ablöschen. Gemüse köcheln lassen, bis die Flüssigkeit fast vollständig verdampft ist. Die Zuckerschoten hinzufügen und zweimal durchschwenken, Pfanne vom Herd nehmen und alles mit Salz und Pfeffer abschmecken.

3 Den Backofen auf 180 Grad (Umluft 160) vorheizen. Die Tomaten in Scheiben schneiden. Die Gewürzgurken der Länge nach in dünne Scheiben schneiden. Den Rucola waschen und trocken schleudern. Den Feta zerbröseln.

4 Das Brot im Ofen erwärmen. Die Mayonnaise und den Joghurt mit Cayennepfeffer und Paprikapulver verrühren. Das Fladenbrot vierteln, einschneiden und mit der Gewürzmayonnaise bestreichen, dann mit dem warmen Gemüse, Tomaten, Gewürzgurken, Rucola und Feta füllen.

YUM
TAM
TAM
Frisch aus dem Ofen, sind die türkischen Pizzafladen mit Spinat und Feta heiß begehrt:
PIDE MIT SPINAT
yumtamtam.de/pide/

SÜßKARTOFFEL-TACOS

mit Erdnusssauce

FÜR 16 STÜCK (4 PORTIONEN)

Für die Tacos:

700 g	**Süßkartoffeln**
2 EL	**Olivenöl**
	Salz, Pfeffer
2	**Avocados**
1	**Limette**
200 g	**Kirschtomaten**
1	**große rote Zwiebel**
1 Dose	**Kidneybohnen (265 g Abtropfgewicht)**
½ Bund	**Koriander**
16	**Taco-Schalen**
2 EL	**schwarzer Sesam**

Für die Sauce:

30 g	**Ingwer**
3	**Knoblauchzehen**
100 g	**Erdnussbutter, ungesüßt**
150 ml	**Kokosmilch**
1	**Limette**
1 EL	**Apfelessig**
2 EL	**Sojasauce**
1 EL	**flüssiger Honig**
1 Prise	**Cayennepfeffer**

Zubereitungszeit ca. 45 Minuten
Pro Stück ca. 250 kcal, 7 g E, 10 g F, 32 g KH

Mach's vegan!
Die Erdnusssauce kann statt mit Honig auch mit 1 EL Agavendicksaft oder mit 1 EL Rohrohrzucker zubereitet werden.

1 Den Backofen auf 200 Grad (Umluft 180) vorheizen. Die Süßkartoffeln schälen, halbieren und in Spalten schneiden. Mit dem Olivenöl vermischen und mit Salz und Pfeffer würzen. Die Kartoffelspalten dann auf ein mit Backpapier ausgelegtes Backblech geben. Im Ofen ca. 25 Minuten backen.

2 Inzwischen für die Erdnusssauce den Ingwer und die Knoblauchzehen schälen. Den Ingwer fein reiben und den Knoblauch fein hacken. Beides mit Erdnussbutter, Kokosmilch, dem Saft der Limette, Essig, Sojasauce und Honig in einem Topf verrühren. Unter Rühren etwas erwärmen, bis die Sauce glatt ist. Mit Cayennepfeffer abschmecken und abkühlen lassen.

3 Die Avocados halbieren und den Stein herauslösen. Das Fruchtfleisch aus der Schale lösen und in kleine Würfel schneiden. Dann mit dem Saft der Limette vermengen, damit sie nicht braun werden. Die Tomaten waschen und halbieren. Die Zwiebel schälen und in Ringe schneiden. Die Bohnen in ein Sieb abgießen, abspülen, tropfnass in einen Topf geben und erwärmen. Korianderblätter abzupfen.

4 Die Süßkartoffelspalten aus dem Ofen nehmen. Die Taco-Schalen nach Packungsanleitung im Ofen kurz erwärmen. Anschließend mit Süßkartoffeln, Bohnen, Tomaten, Avocado, Koriander und Zwiebel füllen. Tacos salzen und pfeffern. Mit Erdnusssauce beträufeln, mit schwarzem Sesam bestreuen und servieren.

TOMATEN-TORTILLA

mit Bohnen-Hummus

FÜR 4 PORTIONEN

Für den Hummus:

- 1 Dose **Kidneybohnen (265 g Abtropfgewicht)**
- 2 **Knoblauchzehen**
- 180 g **Tahin (Sesammus)**
- 1 EL **Schmand**
- 4 EL **Zitronensaft**
- ½ TL **Salz**

Für die Tomaten:

- 400 g **Tomaten**
- 1 **Chilischote**
- 1 Handvoll **Koriander**
- 3 EL **Olivenöl**
- **Salz, Pfeffer**

Außerdem:

- 120 g **Zwiebeln**
- 1 **Limette**
- 250 g **Gurke**
- 250 g **Feta**
- 4 **Tortillas**
- **frische Kräuter (z. B. Petersilie und Koriander)**
- **Chiliflocken**

Zubereitung ca. 40 Minuten
Pro Portion ca. 731 kcal, 29 g E, 49 g F, 40 g KH

1 Die Kidneybohnen abgießen und gut abbrausen. Den Knoblauch schälen und zusammen mit Tahin, Schmand, Zitronensaft, Salz und 100 ml warmem Wasser in einer Küchenmaschine zu einem feinen Mus pürieren.

2 Die Tomaten vierteln. Die Chili fein schneiden, die Korianderblätter grob hacken. Das Öl in einer Pfanne erhitzen. Tomaten und Chili darin bei mittlerer bis starker Hitze 3–5 Minuten anbraten, den Koriander unterrühren und mit Salz und Pfeffer würzen.

3 Die Zwiebeln schälen und in feine Ringe schneiden. Limettensaft auspressen. Beides in eine Schale geben und mit kochendem Wasser übergießen, sodass die Zwiebeln gerade bedeckt sind. 10 Minuten ziehen lassen. Die Gurke waschen und der Länge nach in Streifen hobeln. Den Feta zerbröseln.

4 Die Tortillas in der Grillpfanne oder im Backofen erwärmen. Die Zwiebeln abgießen und mit Salz und Pfeffer würzen. Warme Tortillas mit Bohnen-Hummus bestreichen. Nacheinander mit Chili-Tomaten, Gurken, marinierten Zwiebeln und Feta belegen. Mit frischen Kräutern und Chiliflocken bestreuen und servieren.

KARTOFFEL-WRAP

mit Champignons und Chili-Mayo

FÜR 4 PORTIONEN

1	**Chilischote**
2 EL	**Mayonnaise**
2 EL	**Crème fraîche**
1 TL	**Paprikapulver, edelsüß**
	Salz, Pfeffer
400 g	**Kartoffeln, mehligkochend**
250 g	**braune Champignons**
3 EL	**Sonnenblumenöl**
1	**rote Paprikaschote**
4 Blätter	**Mini-Romanasalat**
1 Handvoll	**Koriander**
500 ml	**Frittieröl**
4	**Weizentortillas**
4 EL	**Röstzwiebeln**

Zubereitung ca. 60 Minuten
Utensilien Pergamentpapier, Garn
Pro Portion ca. 447 kcal, 8 g E, 30 g F, 35 g KH

1 Für die Mayonnaise die Chili fein hacken. Mit Mayonnaise, Crème fraîche und Paprikapulver verrühren. Chili-Mayo mit Salz und Pfeffer abschmecken.

2 Die Kartoffeln schälen, in dünne Stifte schneiden und in kaltes Wasser legen. Die Champignons putzen und in dünne Scheiben schneiden. Das Sonnenblumenöl in einer Pfanne erhitzen. Die Champignons darin bei starker Hitze anrösten und mit Salz und Pfeffer würzen. Die Paprikaschote waschen, vierteln, die Kerne und den Strunk entfernen. Paprika ebenfalls in längliche Stifte schneiden. Die Salatblätter waschen und trocken schleudern. Den Koriander grob hacken. Den Backofen auf 180 Grad (Umluft 160) vorheizen.

3 Die Kartoffeln abgießen und mit einem Geschirrhandtuch trocken reiben. Das Frittieröl auf 160–170 Grad erhitzen. Die Kartoffelstifte darin portionsweise goldbraun ausbacken, auf Küchenpapier abtropfen lassen und mit Salz würzen. Die Tortillas im Ofen erwärmen. Warme Tortillas mit Chili-Mayonnaise bestreichen, dann mit Salat, Paprika, Champignons, Kartoffelstiften und Röstzwiebeln belegen, fest aufrollen, in Pergamentpapier wickeln und nach Belieben mit Garn umwickeln.

SLOPPY JOE

mit Paprika-Quinoa-Füllung

FÜR 8 STÜCK

Für die Brötchen:

- 450 g **Mehl Type 550**
- 50 g **Mehl Type 1050**
- 15 g **frische Hefe**
- 1 TL **Salz**
- 1 TL **Honig**
- 50 g **Olivenöl**
- 1 **Ei (Größe M)**

Für die Füllung:

- 100 g **Quinoa**
- 1 **Knoblauchzehe**
- 2 **Zwiebeln**
- 1 **rote Paprikaschote**
- 1 **Chilischote**
- 120 g **Staudensellerie**
- 3 TL **Olivenöl**
- 1 EL **Tomatenmark**
- 400 ml **Gemüsebrühe**
- 120 g **Cheddar**
- **Salz, Pfeffer**

Außerdem:

- 8 Blätter **Mini-Romanasalat**
- 2 **Lauchzwiebeln**
- 250 g **Ricotta**

Zubereitung ca. 80 Minuten + 90 Minuten Gehzeit
Pro Stück ca. 470 kcal, 17 g E, 20 g F, 55 g KH

1 Beide Mehlsorten mit Hefe, Salz, Honig, Olivenöl und 250 ml Wasser ca. 10 Minuten zu einem geschmeidigen Teig verkneten. Dann abgedeckt an einem warmen Ort mindestens 1 Stunde gehen lassen.

2 Den Teig in 8 gleich große Portionen teilen. Daraus jeweils 10–15 cm lange Brötchen formen. Die Brötchen auf ein mit Backpapier ausgelegtes Backblech legen und abgedeckt weitere 30 Minuten gehen lassen. Den Backofen auf 220 Grad (Umluft 200) vorheizen. Das Ei verquirlen und die Brötchen damit bepinseln. Die Brötchen auf der mittleren Schiene ca. 15 Minuten goldbraun backen. Herausnehmen und auskühlen lassen.

3 Inzwischen den Quinoa gründlich abbrausen und abtropfen lassen. Knoblauch und Zwiebeln schälen. Die Paprikaschote waschen und vierteln, dann Kerne und Strunk entfernen. Zwiebeln, Knoblauch und Paprika mit Chili und Sellerie fein hacken. Das Öl in einer Pfanne erhitzen. Das vorbereitete Gemüse darin bei mittlerer bis starker Hitze ca. 3 Minuten anbraten. Quinoa und Tomatenmark unterrühren und weitere 2 Minuten braten. Dann alles mit Brühe ablöschen und ca. 20 Minuten köcheln lassen.

4 Den Käse grob reiben und die Hälfte davon unter das Quinoa-Gemüse heben. Quinoa-Gemüse mit Salz und Pfeffer abschmecken und warm halten. Die Salatblätter waschen und trocken schleudern. Die Lauchzwiebeln putzen und in ca. 3 cm lange dünne Stifte schneiden. Die Brötchen halbieren, mit Ricotta bestreichen, mit Salatblättern, Quinoa-Gemüse, Lauchzwiebeln und dem restlichen Käse belegen und servieren.

BURGER OHNE PATTY

Beim Sloppy Joe wird das Brötchen mit einer herzhaften Sauce statt mit einem Patty gefüllt. Anstatt Sellerie und Paprika können Sie auch 1 Bund Lauchzwiebeln und 200 g Zucchini in die Füllung geben.

YUM
TAM
TAM
Pulled Jackfruit und selbst gemachte BBQ-Sauce sind ein unschlagbares Team:
BAO-BURGER MIT JACKFRUIT
yumtamtam.de/
bao-burger/

ERBSEN-BURGER
mit Roter Bete und Minz-Sauce

FÜR 4 STÜCK

Für die Sauce:

2 Stiele	**Minze**
1	**Knoblauchzehe**
100 g	**Crème fraîche**
1 EL	**Olivenöl**
2 TL	**Essig**
	Salz, Pfeffer

Für die Patties:

450 g	**TK-Erbsen**
1	**Zwiebel**
3	**Knoblauchzehen**
½ Bund	**Koriander**
2	**Eier (Größe M)**
1 TL	**Currypulver**
1 EL	**Zitronensaft**
2-3 EL	**Speisestärke**
	Salz, Pfeffer
3-4 EL	**Olivenöl**

Außerdem:

4 Scheiben	**Gorgonzola**
2	**Rote-Bete-Knollen (vorgegart)**
4	**Burger-Buns**
1 TL	**Senf**
1 Handvoll	**Blattspinat**

Zubereitungszeit ca. 50 Minuten
Pro Stück ca. 600 kcal, 29 g E, 38 g F, 44 g KH

1 Für die Sauce die Minzblättchen abzupfen und fein hacken. Die Knoblauchzehe schälen und hacken. Die Crème fraîche mit Minze, Knoblauch, Olivenöl und Essig verrühren. Mit Salz und Pfeffer würzen.

2 Die Erbsen auftauen lassen. Die Zwiebel und den Knoblauch schälen und fein würfeln. Korianderblättchen abzupfen und hacken. Die Erbsen pürieren. Erbsenpüree mit Eiern, Curry, Zitronensaft und Stärke gut vermischen. Die Masse mit Salz und Pfeffer würzen. Daraus 4 Patties formen.

3 Das Olivenöl in einer Pfanne erhitzen. Die Patties 4-5 Minuten darin braten und anschließend mit Gorgonzola belegen. Die Rote-Bete-Knollen in Scheiben schneiden. Scheiben kurz in der Pfanne von beiden Seiten anbraten. Die Burger-Buns leicht toasten. Die unteren Hälften der Buns mit Senf bestreichen. Mit Patties, Spinat und den Rote-Bete-Scheiben belegen. Die Brötchendeckel mit der Minz-Sauce bestreichen, aufsetzen und servieren.

KLEINE GENERALPROBE

Ob die Burgermasse beim Braten zusammenhält, lässt sich ganz einfach prüfen: Aus der Masse ein esslöffelgroßes Bällchen formen, flach drücken und in der Pfanne in etwas Öl anbraten. Fällt es auseinander, noch etwas Stärke oder Paniermehl zur Grundmasse geben und noch einmal 10 Minuten quellen lassen.

Baukasten:

BURGER

Es wird Zeit, mal wieder richtig hochzustapeln. Wir bauen also nach dem Motto: Mehr ist besser! Denn auf einen Burger darf alles, was Spaß macht. Von knackigem Gemüse, zerlaufenem Käse und würzigen Saucen kann niemand genug bekommen. Von selbst gemachten, noch lauwarmen Buns natürlich auch nicht.

Burger-Bun

Der englische Begriff „bun" bedeutet „kleines rundes Brötchen". Das typische weiche Burgerbrötchen wird inzwischen so bezeichnet. Profis backen es selbst (siehe unten). Es gibt aber auch hervorragende fertige Buns in verschiedenen Größen – mit und ohne Sesam –, die vor dem Belegen einfach kurz auf dem Grill oder im Ofen angeröstet werden.

FÜR 10 STÜCK

250 g	**Weizenmehl Type 550**
250 g	**Roggenmehl**
½ TL	**Salz**
30 g	**frische Hefe**
2 EL	**Zucker**
270 ml	**Milch**
50 g	**kalte Butter**
3	**Eier (Größe M)**
2 EL	**Sesam**
2 EL	**Weizenkleie (gemischt)**

Zubereitung ca. 20 Minuten + 1 Stunde 45 Minuten Ruhezeit + 15 Minuten Backzeit
Pro Stück ca. 272 kcal, 9 g E, 9 g F, 40 g KH

1 Für die Buns beide Mehlsorten mit Salz vermischen. Die Hefe mit Zucker und 250 ml Milch verrühren, bis sie gelöst ist. Die Butter in Stückchen schneiden. Mit 2 Eiern und der Hefemischung zum Mehl in die Schüssel geben. Mit den Knethaken des Handmixers 5–10 Minuten kneten, bis der Teig elastisch ist. Den Teig zu einer Kugel formen und mit einem Küchentuch zugedeckt an einem warmen Ort ca. 1 ½ Stunden gehen lassen.

2 Den Teig in 10 gleich große Portionen teilen. Zu Kugeln formen und auf ein mit Backpapier ausgelegtes Backblech geben. Ca. 15 Minuten ruhen lassen. Backofen auf 220 Grad (Umluft 200) vorheizen.

3 Teigkugeln leicht andrücken. Übriges Ei mit übriger Milch (20 ml) verrühren. Buns damit bepinseln. Sesam sowie Weizenkleie darüberstreuen und die Brötchen ca. 15 Minuten goldbraun backen.

Damit hat keiner gerechnet: Krosse Brösel oder Croûtons (S. 181/182) sorgen für eine freudige Überraschung

Eier

Wem sein Burger noch nicht mächtig genug ist, brät oder pochiert sich ein Ei. Das Eigelb darf gern etwas flüssig sein, dann verbindet es sich mit den anderen Zutaten.

Gemüse

Eine aromatische Tomate macht den Burger schön saftig. Geeignet sind vor allem größere Fleischtomaten. Und dann hat man die Qual der Wahl: zarte Avocadoscheiben oder vorgegarte süß-herbe Rote Bete? Wer es lieber säuerlich mag, schichtet eingelegtes Gemüse wie Gewürzgurken, Pickles oder Cole-Slaw auf das Patty.

Sauce

Ein fruchtiger Ketchup, scharfer Senf und eine cremige Mayonnaise sind schon mal ein guter Anfang. Auch ein Relish oder Chutney, beides marmeladenähnliche Saucen aus Obst, Gemüse, Essig und Gewürzen, verfeinert den Burger. Die hohe Schule sind aber selbst gemachte Dips (S. 185/186) oder Burger-Saucen.

Würze

Kräuter und Gewürze sorgen für das besondere Extra auf dem Veggie-Burger: Zum Beispiel Koriander- und Basilikumblätter oder aber Jalapeños und Chiliflocken. Auch Zwiebelringe spielen eine bedeutende Rolle – als Kür karamellisiert vom Grill, etwa mit Balsamico.

Salat

Für einen herzhaften Biss sorgen frische Salatblätter. Von Rucola über Feldsalat bis zu Eisberg- und Mini-Romanasalat ist alles erlaubt. Besonders lecker sind knackige Sorten.

Käse

Cheddar ist der Klassiker auf dem Cheeseburger. Aber auch ein Ziegengouda oder ein Bergkäse zerlaufen cremig über dem Patty. Wichtig ist, dass der Käse genug Fett enthält, damit er schön schmilzt. Ein gegrillter Halloumi kann auch den Gemüse-Patty auf dem Veggie-Burger ersetzen.

Patty

Als Patty (dt.: „Pastetchen") bezeichnet man das Herzstück des Burgers. In der vegetarischen Variante besteht er meist aus einer Gemüse- oder Getreidebasis, kombiniert mit vielen Kräutern und Gewürzen. Die passenden Rezepte gibt es auf den Seiten 167–171, und auch die Bratlinggrundrezepte von Seite 60 sind für einen Veggie-Burger super geeignet.

PORTO-BELLO-BURGER

mit Bergkäse

FÜR 4 STÜCK

Für die Patties:

250 g	**Kartoffeln, mehligkochend**
	Salz, Pfeffer
300 g	**Portobello-Pilze**
1	**große Zwiebel**
3	**Knoblauchzehen**
6 EL	**Sonnenblumenöl**
½ Bund	**glatte Petersilie**
25 g	**Paniermehl**

Außerdem:

150 g	**Rote Bete (vorgegart)**
1 EL	**Olivenöl**
2 EL	**Rotweinessig**
4	**Burger-Buns**
4 EL	**Ketchup**
4 EL	**Senf**
4 EL	**Mayonnaise**
100 g	**Salatmix**
8 Scheiben	**Bergkäse**

Zubereitung ca. 50 Minuten + 30 Minuten Kühlzeit
Pro Stück ca. 615 kcal, 20 g E, 35 g F, 50 g KH

1 Die Kartoffeln waschen und 20 Minuten in Salzwasser kochen, dann abgießen und ausdampfen lassen. Die Kartoffeln schälen und grob reiben. Die Rote Bete in dünne Scheiben schneiden und in Olivenöl und Essig marinieren.

2 Die Pilze putzen und in 1–2 cm große Stücke schneiden. Zwiebel und Knoblauch schälen und klein würfeln. 4 EL Öl in einer Pfanne erhitzen, dann Pilze, Zwiebeln und Knoblauch darin bei starker Hitze ca. 2 Minuten unter Rühren scharf anbraten. Anschließend abkühlen lassen. Die Petersilienblätter abzupfen, grob hacken und mit den Kartoffeln, der Pilzmischung und dem Paniermehl verkneten. Mit Salz und Pfeffer abschmecken. Die Masse für ca. 30 Minuten in den Kühlschrank stellen.

3 Die Pilzmasse aus dem Kühlschrank nehmen. 4 Patties formen. Restliches Öl (2 EL) in einer Pfanne erhitzen. Die Patties 1–2 Minuten pro Seite darin braten. Die Buns im Toaster erwärmen. Den Salat waschen und trocken tupfen. Buns mit Ketchup, Senf und Mayonnaise bestreichen, auf die unteren Hälften nacheinander Salat, Rote Bete, Patties, Bergkäsescheiben und Salat schichten und zum Schluss den Deckel daraufsetzen.

ZUCCHINI-MAIS-BURGER

mit Kräutermayonnaise

FÜR 6 STÜCK

Für die Patties:

200 g	**Kartoffeln, mehligkochend**
	Salz, Pfeffer
1 Dose	**Mais (285 g Abtropfgewicht)**
1 Dose	**weiße Bohnen (250 g Abtropfgewicht)**
280 g	**Zucchini**
2	**Knoblauchzehen**
100 g	**Paniermehl**
2 EL	**Olivenöl**

Für die Mayo:

1 Bund	**Schnittlauch**
3 EL	**Schmand**
3 EL	**Mayonnaise**

Außerdem:

1	**rote Zwiebel**
200 g	**Tomaten**
60 g	**Rucola**
1	**Avocado**
	Salz, Pfeffer
1 EL	**Zitronensaft**
6	**Burger-Buns**

Zubereitung ca. 50 Minuten + 30 Minuten Kühlzeit
Pro Stück ca. 451 kcal, 16 g E, 14 g F, 53 g KH

1 Die Kartoffeln waschen und in Salzwasser ca. 20 Minuten kochen. Dann abgießen, etwas ausdampfen lassen, pellen und grob reiben. Mais und Bohnen in einem Sieb abbrausen und abtropfen lassen. Die Zucchini putzen und grob reiben. Den Knoblauch schälen und fein hacken. Die Bohnen mit je der Hälfte Mais und Zucchini fein pürieren. Die Masse mit übrigem Mais und Zucchini, Paniermehl, Knoblauch sowie Kartoffeln vermengen. Burgermasse kräftig salzen und pfeffern und ca. 30 Minuten kühl stellen.

2 Für die Kräutermayonnaise den Schnittlauch fein hacken. Schmand mit Mayonnaise verrühren, dann den Schnittlauch untermischen. Die Zwiebel schälen, die Tomaten waschen und beides in Scheiben schneiden. Den Rucola waschen und trocken schütteln. Die Avocado halbieren, den Kern entfernen, das Fruchtfleisch auslösen und zerdrücken, dann mit Salz, Pfeffer und Zitronensaft abschmecken.

3 Patty-Masse aus dem Kühlschrank nehmen und 6 Patties formen. Das Öl in einer Pfanne erhitzen. Die Patties 1–2 Minuten pro Seite darin braten. Die Buns im Toaster erwärmen. Die unteren Hälften mit der Kräutermayonnaise bestreichen. Nacheinander Patties, Tomaten, Zwiebeln, Avocado und Rucola daraufgeben. Alles mit restlicher Mayonnaise beträufeln. Deckel aufsetzen und servieren.

YUM TAM TAM

Mit mariniertem Tofu und Rotkohl gefüllt, treffen sich auch hier Geschmackswelten:

VEGANES BÁNH MÌ

yumtamtam.de/banh-mi/

SPARGEL-BÁNH-MÌ

mit Wasabi-Mayo

FÜR 4 PORTIONEN

500 g	**grüner Spargel**
½ TL	**Salz**
4 EL	**Reisessig**
300 g	**Möhren**
10 g	**Ingwer**
1	**Knoblauchzehe**
1	**kleine Chilischote**
4 EL	**Sojasauce**
½ TL	**Zucker**
2	**Baguettes**
6	**Strauchtomaten**
	Salz, Pfeffer
2 EL	**Olivenöl**
2	**Lauchzwiebeln**
5-6 EL	**Mayonnaise**
2 EL	**Wasabi**
1 Handvoll	**Koriander**

Zubereitung ca. 30 Minuten
Pro Portion ca. 536 kcal, 14 g E, 22 g F, 71 g KH

30

1 Die Spargelenden abschneiden. Die Stangen von unten zu einem Drittel schälen und längs halbieren. Den Spargel dann in kochendem Salzwasser ca. 2 Minuten kochen, abgießen, abschrecken und trocken tupfen. Spargel mit Salz und Reisessig mischen. Die Möhren schälen und der Länge nach in Scheiben hobeln. Ingwer und Knoblauch schälen und mit der Chili fein hacken. Mit Möhren, Sojasauce und Zucker vermengen.

2 Den Backofen auf 180 Grad (Umluft 160) vorheizen. Die Baguettes darin erwärmen. Die Tomaten halbieren und mit Salz und Pfeffer würzen. Das Öl in einer Grillpfanne erhitzen und die Tomaten darin bei starker Hitze ca. 1 Minute pro Seite grillen.

3 Die Lauchzwiebeln putzen und schräg in dünne Ringe schneiden. Die Mayonnaise mit Wasabi gut verrühren. Den Koriander grob hacken. Die warmen Baguettes längs durchschneiden und mit der Wasabi-Mayonnaise bestreichen. Dann mit dem marinierten Spargel, den Möhren, den gegrillten Tomaten und den Lauchzwiebeln belegen und mit dem Koriander bestreuen. Die Deckel auflegen, Baguettes halbieren und servieren.

CROQUE AUF VIETNAMESISCH

Bánh Mì wird in Asien zu jeder Tageszeit gegessen. Das beliebte Streetfood kann vielfältig belegt werden. Statt grünem Spargel und Möhren machen 400 g Zucchini, 150 g weißer Rettich und 1 kleine Salatgurke sich super als Belag. Zucchini in Scheiben schneiden und in etwas Öl anbraten. Rettich und Salatgurke in Scheiben hobeln und wie die Möhren mit Sojasauce und Zucker vermischen.

SOMMERROLLEN

mit Tofu und Soja-Chili-Dip

FÜR 4 PORTIONEN

Für den Dip:

½	**kleine rote Chilischote**
6 EL	**Sojasauce**
2 EL	**Honig**
½	**Limette**
etwas	**Sesam**

Für die Sommerrollen:

100 g	**Tofu natur**
2 EL	**Sojasauce**
2 EL	**Maisstärke**
2 EL	**Pflanzenöl**
4	**Möhren**
1	**Salatgurke**
2	**Paprikaschoten**
½	**kleine rote Chilischote**
1 Pckg.	**Glasnudeln (250 g)**
½ Bund	**Koriander**
50 g	**geröstete Erdnüsse**
8 Blatt	**Reispapier**
2 EL	**Sesam**
3 Stiele	**Minze**

Zubereitungszeit ca. 45 Minuten
Pro Portion ca. 543 kcal, 20 g E, 17 g F, 76 g KH

Mach's vegan! Beim Dip den Honig durch Agavendicksaft austauschen.

1 Für den Dip die Chili in dünne Ringe schneiden. Mit der Sojasauce, dem Honig und dem Saft der halben Limette verrühren. Den Sesam unterrühren und die Sauce beiseitestellen.

2 Für die Sommerrollen den Tofu in Streifen schneiden und einige Minuten in der Sojasauce marinieren, dann herausnehmen und in der Maisstärke wenden. Das Öl in einer Pfanne erhitzen. Den Tofu darin bei mittlerer Hitze 3–5 Minuten goldbraun braten und auf einem Küchenpapier abtropfen lassen.

3 Die Möhren schälen. Die Gurke waschen. Die Paprikaschoten waschen. Kerne und Strünke entfernen. Das Gemüse in feine Streifen oder Ringe schneiden. Die Chili in dünne Ringe schneiden. Die Glasnudeln nach Packungsanleitung zubereiten und erkalten lassen. Die Korianderblätter abzupfen. Die Erdnüsse grob hacken.

4 Ein Reispapierblatt einige Sekunden in eine Schüssel mit warmem Wasser tauchen. Reispapier auf ein feuchtes Geschirrtuch legen. Im unteren Drittel einen schmalen Streifen mit Tofu, Glasnudeln, Chili und Gemüse belegen, dabei einen Rand frei lassen. Füllung mit Nüssen, Koriander und Sesam bestreuen. Reispapier an den Seiten und von unten über die Füllung klappen und dann zu einer Rolle aufrollen. Mit den restlichen Reispapierblättern ebenso vorgehen. Die Sommerrollen mit dem Soja-Chili-Dip und den Minzblättern servieren.

DIE LEICHTE ROLLE

Ein super Fingerfood für warme Tage sind die in Asien beliebten Sommerrollen. Die wichtigste Zutat ist das Reispapier, das alles zusammenhält. Statt der Glasnudeln können Sie auch 125 g Quinoa verwenden und 300 g blanchierten Brokkoli anstelle der Paprika. Als Dip passt auch Erdnusssauce hervorragend.

Klein und knusprig - auch frittierte Gemüserollen sind perfekt zum Snacken:
FRÜHLINGS-ROLLEN
edeka.de/vegetarische-fruehlingsrollen.jsp

1
3x
Sushi
2
3

1

AVOCADO-ROLLS

mit Cashewkernen

FÜR 4 PORTIONEN

1 Zuerst **300 g Sushi-Reis** gründlich abbrausen und mit Wasser bedeckt ca. 1 Stunde quellen lassen. Abgießen und mit 400 ml Wasser aufkochen. Zugedeckt 1 Minute kochen lassen, dann offen unter Rühren kochen, bis das Wasser verdampft ist. Vom Herd nehmen und zugedeckt 10 Minuten quellen lassen. **8 EL Essig, 2 TL Zucker** und **1 TL Salz** unterrühren und stehen lassen.

2 Dann **50 g geröstete Cashewkerne** hacken und auf einen flachen Teller geben. **200 g Möhren** schälen und mit **200 g Gurke** in feine Stifte schneiden. **1 Avocado** halbieren und den Kern entfernen. Fruchtfleisch aus der Schale lösen und in dünne Spalten schneiden.

3 Den Reis in 6 Portionen teilen. **6 Noriblätter** nacheinander auf die Sushimatte legen. Jeweils auf zwei Dritteln des Blatts mit feuchten Händen 1 Portion Reis verteilen. Mit Frischhaltefolie abdecken und umdrehen, sodass der Reis unten liegt. Auf das untere Drittel **½ EL Mayonnaise** streichen, dann mit einem Sechstel Möhren, Gurke und Avocado belegen. Fest aufrollen und in den Cashewkernen wenden. Jeweils in 6 Stücke schneiden.

Zubereitung ca. 40 Min. + 70 Min. Quellzeit
Utensilien Sushimatte
Pro Portion ca. 478 kcal, 10 g E, 19 g F, 66 g KH

2

KÜRBIS-MAKI

mit Röstzwiebeln

FÜR 4 PORTIONEN

1 Zuerst **300 g Sushi-Reis** gründlich abbrausen und mit Wasser bedeckt ca. 1 Stunde quellen lassen. Abgießen und mit 400 ml Wasser aufkochen. Zugedeckt 1 Minute kochen lassen, dann offen unter Rühren kochen, bis das Wasser verdampft ist. Vom Herd nehmen und zugedeckt 10 Minuten quellen lassen. **8 EL Essig, 2 TL Zucker** und **1 TL Salz** unterrühren und stehen lassen.

2 Dann **200 g Radieschen** putzen und grob reiben. **300 g Hokkaido-Kürbis** vierteln, entkernen und in feine Streifen schneiden. Kürbis mit **2 EL Sojasauce** und **2 EL Reisessig** mischen.

3 Den Reis in 6 Portionen teilen. **6 Noriblätter** nacheinander auf die Sushimatte legen. Jeweils auf zwei Dritteln des Blatts mit feuchten Händen 1 Portion Reis verteilen. **½ EL Frischkäse** in einem dicken Streifen auf den Reis streichen. Mit einem Sechstel der Radieschen, des Kürbis, **1 TL Schnittlauchröllchen** und **1–2 TL Röstzwiebeln** belegen. Noriblatt mithilfe der Sushimatte eng aufrollen. Jede Rolle in 6 Stücke schneiden und servieren.

Zubereitung ca. 30 Min. + 70 Min. Quellzeit
Utensilien Sushimatte
Pro Portion ca. 316 kcal, 8 g E, 2 g F, 65 g KH

3

PAPRIKA-NIGIRI

mit Meerrettich

FÜR 4 PORTIONEN

1 Zuerst **300 g Sushi-Reis** gründlich abbrausen und mit Wasser bedeckt ca. 1 Stunde quellen lassen. Abgießen und mit 400 ml Wasser aufkochen. Zugedeckt 1 Minute kochen lassen, dann offen unter Rühren kochen, bis das Wasser verdampft ist. Vom Herd nehmen und zugedeckt 10 Minuten quellen lassen. **8 EL Essig, 2 TL Zucker** und **1 TL Salz** unterrühren und stehen lassen.

2 Backofen auf 200 Grad (Umluft 180) vorheizen. **2 rote Paprikaschoten** im Ganzen auf einem mit Backpapier ausgelegten Blech ca. 40 Minuten backen. Herausnehmen und in einer Schüssel zugedeckt ca. 10 Minuten stehen lassen. Dann die Haut abziehen, Kerne und Strünke entfernen. Das Fruchtfleisch in 20 ca. 4 cm lange Stücke schneiden. **50 g Meerrettich** schälen und fein reiben.

3 Pro Nigiri etwas mehr als 1 EL Reis mit feuchten Händen in die typische ovale Form drücken, dann mit Paprika und Meerrettich belegen. Auf diese Weise ca. 20 Nigiris formen und mit **1 Beet Kresse** bestreut servieren.

Zubereitung ca. 40 Min. + 70 Min. Quellzeit
Utensilien Sushimatte
Pro Portion ca. 305 kcal, 7 g E, 2 g F, 63 g KH

Genialer Geschmack

Das japanische Wort „umami“ bedeutet „schmackhaft“ und steht für unseren fünften Geschmackssinn. Ihn zu treffen ist die große Kunst und das Ziel aller Rezepte. Einige Zutaten wie getrocknete Tomaten enthalten von Natur aus viel umami.

Brösel, Dips & Dressings

GLAMOUR FÜRS GEMÜSE

Hier werden Kräuter, Nüsse und Gewürze gehackt, zerstoßen und zerrieben. Denn der Zauber der Aromen spielt eine große Rolle bei der Verfeinerung der Gemüseküche. Mit Hexerei hat das nichts zu tun: Raffinierte Croûtons, knusprige Brösel, geröstete Nussmischungen und unwiderstehlich gute Dressings und Dips werden einfach über ein passendes Rezept gestreut, gekleckst und geträufelt. Ausgestattet mit diesen Superaromen können Sie selber experimentieren und kreativ werden.

1
2
3

1

PISTAZIEN-BRÖSEL

mit Sesam

FÜR 2 GLÄSER (CA. 6 PORTIONEN)

1 Zunächst **150 g Weißbrot** grob würfeln, dann in einer Küchenmaschine oder im Standmixer fein zerkleinern. **80 g geschälte Pistazien** fein hacken. **4 EL Sonnenblumenöl** in einer Pfanne erhitzen. Das Weißbrot mit den Pistazien und **50 g Sesam** darin bei mittlerer bis starker Hitze unter ständigem Rühren goldbraun anrösten.

2 Brösel auf Küchenpapier abtropfen und vollständig abkühlen lassen. Zur Aufbewahrung in verschließbare Gläser füllen. Gekühlt sind die Brösel ca. 7 Tage haltbar.

Zubereitung ca. 15 Minuten
Pro Portion ca. 261 kcal, 7 g E, 19 g F, 15 g KH

15

DAS PASST

Diese feinen Brösel schmecken auf Gratins, in Bowls und zu asiatischen Gerichten.

2

ROSMARIN-CROÛTONS

mit Knoblauch

FÜR 2 GLÄSER (CA. 6 PORTIONEN)

1 Zunächst **2 Knoblauchzehen** schälen und die Nadeln von **2 Rosmarinzweigen** abzupfen. Knoblauch und Rosmarin grob hacken. **350 g Ciabatta** in 1–2 cm große Würfel schneiden.

2 Dann **5 EL Sonnenblumenöl** in einer großen beschichteten Pfanne erhitzen. Ciabatta darin bei mittlerer bis starker Hitze unter ständigem Rühren goldbraun anrösten. Knoblauch und Rosmarin dazugeben und drei- bis viermal durchschwenken. Die Croûtons auf Küchenpapier abtropfen und vollständig abkühlen lassen. Danach zur Aufbewahrung in verschließbare Gläser füllen. Gekühlt sind die Croûtons ca. 7 Tage haltbar.

Zubereitung ca. 15 Minuten
Pro Portion ca. 231 kcal, 5 g E, 9 g F, 33 g KH

15

DAS PASST

Gemüseeintöpfe und Tomatensuppen bekommen mit diesen Croûtons eine mediterrane, würzige Note.

3

PUMPERNICKEL-CROÛTONS

mit getrockneten Tomaten

FÜR 2 GLÄSER (CA. 6 PORTIONEN)

1 Zunächst **100 g Haselnüsse** und **50 g getrocknete Tomaten** grob hacken. **250 g Pumpernickel** in ca. 1 cm große Würfel schneiden. Die Blätter von **½ Bund Petersilie** abzupfen und fein hacken.

2 Pumpernickel in einer Pfanne ohne zusätzliches Öl bei mittlerer Hitze ca. 5 Minuten unter ständigem Rühren anrösten. Haselnüsse, Tomaten und Petersilie dazugeben und alles weitere 3 Minuten braten. Die Croûtons vom Herd nehmen und vollständig abkühlen lassen. Danach zur Aufbewahrung in verschließbare Gläser füllen. Gekühlt sind die Croûtons ca. 7 Tage haltbar.

Zubereitung ca. 20 Minuten
Pro Portion ca. 199 kcal, 6 g E, 11 g F, 18 g KH

20

DAS PASST

Steckrübe, Rote Bete und Pastinake: Gemüsesorten mit leicht erdigen Noten mögen diese Croûtons aus kräftigem Brot mit Malzaroma.

1 LAUGEN-CROÛTONS *mit Honig*

FÜR 2 GLÄSER (CA. 6 PORTIONEN)

1 Zunächst **350 g Laugenbrötchen** in 1–2 cm große Würfel schneiden. **5 EL Sonnenblumenöl** in einer Pfanne erhitzen. Die Brötchenwürfel darin bei mittlerer bis starker Hitze rundherum goldbraun anrösten. **3 EL Honig** und **2 EL mittelscharfen Senf** dazugeben. Die Mischung 1–2 Minuten verrühren, bis die Brötchenwürfel die Flüssigkeit vollständig aufgesaugt haben.

2 Croûtons mit **Salz** und **Pfeffer** würzen. Vollständig abkühlen lassen und zur Aufbewahrung in verschließbare Gläser füllen. Gekühlt sind die Croûtons ca. 7 Tage haltbar.

Zubereitung ca. 20 Minuten
Pro Portion ca. 245 kcal, 4 g E, 11 g F, 31 g KH

20

DAS PASST

Diese Croûtons pimpen jeden Krautsalat – egal, ob aus Rot- oder Weißkohl. Sie passen auch zu Kartoffelgerichten.

2 DREI-KÄSE-CROÛTONS *mit Weißbrot*

FÜR 2 GLÄSER (CA. 6 PORTIONEN)

1 Zunächst **50 g Cheddar, 50 g Ziegengouda** und **50 g Bergkäse** grob reiben. **150 g Weißbrotscheiben** in grobe Würfel schneiden. **5 EL Sonnenblumenöl** in einer Pfanne erhitzen. Die Brotwürfel darin bei mittlerer bis starker Hitze goldbraun anrösten. Den Käse dazugeben und unter ständigem Rühren 1–2 Minuten mitbraten.

2 Anschließend die Croûtons auf einem Stück Backpapier verteilen. Vollständig abkühlen lassen und zur Aufbewahrung in verschließbare Gläser füllen. Gekühlt sind die Croûtons ca. 7 Tage haltbar.

Zubereitung ca. 20 Minuten
Pro Portion ca. 238 kcal, 8 g E, 17 g F, 12 g KH

20

DAS PASST

Die herzhaft-würzigen Croûtons schmecken besonders gut in sahnigen Cremesuppen aus Kohlrabi, Blumenkohl oder Zucchini.

3 KNOBLAUCH-BRÖSEL *mit Thymian*

FÜR 2 GLÄSER (CA. 6 PORTIONEN)

1 Zunächst **150 g Weißbrotscheiben** grob würfeln. Brotwürfel in einer Küchenmaschine oder im Standmixer zu Bröseln zerkleinern. **3 Knoblauchzehen** schälen. Knoblauch mit **2 EL Thymianblättern** fein hacken. **5 EL Sonnenblumenöl** in einer Pfanne erhitzen. Das Weißbrot, den Knoblauch und den Thymian darin bei mittlerer bis starker Hitze unter ständigem Rühren goldbraun anrösten.

2 Die Brösel auf Küchenpapier verteilen und vollständig abkühlen lassen. Dann zur Aufbewahrung in verschließbare Gläser füllen. Gekühlt sind die Brösel ca. 7 Tage haltbar.

Zubereitung ca. 15 Minuten
Pro Portion ca. 155 kcal, 2 g E, 10 g F, 13 g KH

15

DAS PASST

Mit ihrem Knoblaucharoma passen die Brösel zu milden Cremesuppen aus Zucchini oder Erbsen sowie zu mediterranen Gemüsesuppen.

1
2
3

1
2
3

1 HUMMUS-DIP

mit Curry und Chili

FÜR 2 GLÄSER (CA. 6 PORTIONEN)

1 Zunächst **2 Knoblauchzehen** schälen und grob hacken. **1 Dose Kichererbsen** (265 g Abtropfgewicht) abgießen, gründlich abbrausen und abtropfen lassen. **1 Chilischote** putzen, längs halbieren und die Kerne entfernen. Saft von **½ Zitrone** auspressen.

2 Knoblauch, Kichererbsen, Chili und Zitronensaft mit **1 TL gemahlenem Kreuzkümmel, 1 TL Koriander, 4 EL Tahin, 1 EL Curry, 2 EL Olivenöl** und **100 ml Wasser** cremig pürieren. Den Dip mit **Salz** und **Pfeffer** abschmecken. Mit **1 TL Paprikapulver, edelsüß** und **1 EL Sesam** bestreuen. In einem Schälchen sofort servieren oder in Vorratsgläser füllen und verschließen. Gekühlt ist der Dip ca. 5 Tage haltbar.

Zubereitung ca. 10 Minuten
Pro Portion ca. 126 kcal, 4 g E, 10 g F, 4 g KH

10

DAS PASST

Perfekt zum Dippen von Brot oder Kartoffeln. Aber auch bei Sandwiches, Wraps oder Tacos sorgt der Hummus für den Extrakick.

2 SCHMAND-DIP

mit gebratenen Zwiebeln

FÜR 2 GLÄSER (CA. 6 PORTIONEN)

1 Zunächst **2 Knoblauchzehen** und **3 Zwiebeln** schälen und fein würfeln. **3 EL Sonnenblumenöl** in einer Pfanne erhitzen. Zwiebeln und Knoblauch darin bei mittlerer bis starker Hitze goldbraun anrösten und dann abkühlen lassen.

2 Anschließend den Zwiebel-Mix mit **100 g Schmand, 100 g Crème fraîche** und **100 g griechischem Joghurt** (10 % Fett) verrühren. Mit **Salz** und **Pfeffer** würzen. **½ Bund Schnittlauch** in Röllchen schneiden. Den Dip mit Schnittlauch bestreuen. In einem Schälchen sofort servieren oder in Vorratsgläser füllen und verschließen. Gekühlt ist der Dip ca. 5 Tage haltbar.

Zubereitung ca. 20 Minuten
Pro Portion ca. 187 kcal, 2 g E, 18 g F, 3 g KH

20

DAS PASST

Der würzige Dip mit dem Aroma der angerösteten Zwiebeln passt zu deftigen Gerichten wie Bratkartoffeln, Kartoffelrösti oder Ofenkartoffeln.

3 CHIMICHURRI-DIP

mit roter Paprika

FÜR 2 GLÄSER (CA. 6 PORTIONEN)

1 Zunächst **2 rote Paprikaschoten** waschen, vierteln, Kerne und Strünke entfernen. **80 g Zwiebeln** und **2 Knoblauchzehen** schälen. Alles zusammen mit **1 kleinen Chilischote** grob hacken.

2 Danach alles zusammen mit **1 EL Rotweinessig, 2 EL Olivenöl, 1 TL gemahlenem Kreuzkümmel** und **1 TL Oregano** pürieren. Mit **Salz** und **Pfeffer** würzen. In einem Schälchen sofort servieren oder in Vorratsgläser füllen und verschließen. Gekühlt ist der Dip ca. 5 Tage haltbar.

Zubereitung ca. 15 Minuten
Pro Portion ca. 50 kcal, 1 g E, 4 g F, 2 g KH

15

DAS PASST

Der scharfe südamerikanische Paprika-Dip macht Zucchini und Aubergine richtig Dampf. Er passt sehr gut zu Reisgerichten und verleiht Burgern die richtige Schärfe.

①

GARAM-MASALA-DIP

mit Curry

FÜR 2 GLÄSER (CA. 6 PORTIONEN)

1 Zunächst **½ Chilischote** in feine Ringe schneiden und mit **250 g Magerquark, 250 g Schmand, 3 EL Olivenöl, 1 TL gemahlenem Koriander, ½ EL Garam Masala** und **½ EL Currypulver** gut verrühren.

2 Den Dip mit **Salz** und **Pfeffer** abschmecken. In einem Schälchen sofort servieren oder in Vorratsgläser füllen und verschließen. Gekühlt ist der Dip ca. 5 Tage haltbar.

Zubereitung ca. 10 Minuten
Pro Portion ca. 199 kcal, 6 g E, 18 g F, 3 g KH

10

DAS PASST

Geschmack wie aus 1001 Nacht. Dieser Gewürz-Dip passt märchenhaft zu Kartoffeln, Gemüsebratlingen und Ofengemüse.

②

CASHEW-DIP

mit Koriander

FÜR 2 GLÄSER (CA. 6 PORTIONEN)

1 Zunächst **100 g Cashewkerne** grob hacken und in einer Pfanne ohne zusätzliches Öl goldbraun anrösten. Herausnehmen und abkühlen lassen. **1 Chilischote** und **1 Bund Koriander** fein hacken.

2 Cashewkerne, Chili und Koriander mit **4 EL Sojasauce** und **4 EL Mayonnaise** gut verrühren. In einem Schälchen sofort servieren oder in Vorratsgläser füllen und verschließen. Gekühlt ist der Dip ca. 5 Tage haltbar.

Zubereitung ca. 15 Minuten
Pro Portion ca. 161 kcal, 4 g E, 13 g F, 7 g KH

15

DAS PASST

Ob Gemüse vom Grill, Burger oder Wokgerichte – der scharfe Asia-Dip bildet mit Gemüse ein Dream-Team.

③

RICOTTA-DIP

mit Minze

FÜR 2 GLÄSER (CA. 6 PORTIONEN)

1 Zunächst **2 Knoblauchzehen** und **2 Zwiebeln** schälen und mit **15 Minzblättern** fein hacken. **250 g Ricotta** und **3 EL Olivenöl** gut verrühren.

2 Anschließend Knoblauch, Zwiebeln und Minze gut unterrühren. Dip mit **Salz** und **Pfeffer** abschmecken. In einem Schälchen sofort servieren oder in Vorratsgläser füllen und verschließen. Gekühlt ist der Dip ca. 5 Tage haltbar.

Zubereitung ca. 10 Minuten
Pro Portion ca. 137 kcal, 4 g E, 13 g F, 1 g KH

10

DAS PASST

Der frische Dip ist unschlagbar zu Burgern, Sandwiches und Wraps. Auch Ofengemüse oder Wedges dippen sich darin hervorragend.

1
2
3

1
2
3

1

KOKOS-DRESSING

mit Limette

FÜR CA. 300 ML (8 PORTIONEN)

1 Zunächst **1 Bio-Limette** heiß abwaschen und trocken reiben. 1 TL Limettenschale fein abreiben. Den Saft auspressen. Limettenschale und -saft mit **200 ml Kokosmilch, ½ TL Zucker** und **50 ml Olivenöl** in einem hohen Gefäß cremig pürieren.

2 Das Dressing mit **Salz** und **Pfeffer** abschmecken. In eine verschließbare Flasche füllen. Gekühlt ist das Dressing ca. 4 Tage haltbar.

Zubereitung ca. 10 Minuten
Pro Portion ca. 65 kcal, 0 g E, 7 g F, 1 g KH

10

DAS PASST

Das cremige Dressing mit exotischer Note schmeckt toll in Salaten mit Sprossen, Quinoa, Glasnudeln, Mango und Ananas.

2

BALSAMICO-DRESSING

mit Thymian

FÜR CA. 300 ML (8 PORTIONEN)

1 Zunächst Blätter von **2 Thymianzweigen** abzupfen und mit **1 TL Dijonsenf, 50 ml Aceto Balsamico, 2 EL Honig, 100 ml Olivenöl, 50 ml Sonnenblumenöl** und **20 ml Wasser** in einem hohen Gefäß cremig pürieren.

2 Dressing mit **Salz** und **Pfeffer** würzen. In eine verschließbare Flasche füllen. Gekühlt ist das Dressing ca. 4 Tage haltbar.

Zubereitung ca. 10 Minuten
Pro Portion ca. 187 kcal, 0 g E, 19 g F, 4 g KH

10

DAS PASST

Mediterrane Salate mit Tomaten, Mozzarella oder Antipasti harmonieren wunderbar mit diesem Dressing.

3

HIMBEER-DRESSING

mit Schalotten

FÜR CA. 300 ML (8 PORTIONEN)

1 Zunächst **4 kleine Schalotten** schälen und fein würfeln. **1 TL Thymianblätter** abzupfen. **½ Bund Schnittlauch** in feine Röllchen schneiden. **250 g Himbeeren** verlesen.

2 Die Schalotten, Himbeeren und Kräuter mit **1 EL Honig, 70 ml Olivenöl, 80 ml Sonnenblumenöl** und **50 ml Himbeeressig** verrühren. Das Dressing mit **Salz** und **Pfeffer** würzen. In eine verschließbare Flasche füllen. Gekühlt ist das Dressing ca. 4 Tage haltbar.

Zubereitung ca. 15 Minuten
Pro Portion ca. 189 kcal, 1 g E, 19 g F, 3 g KH

15

DAS PASST

Das fruchtige Dressing hat eine leichte Süße, die gut zu Salaten mit Bitternote wie Radicchio, Rucola und Endiviensalat passt.

1 TOMATEN-DRESSING *mit Senf*

FÜR CA. 300 ML (8 PORTIONEN)

1 Zunächst **300 g Tomaten** waschen. Dann **2 Lauchzwiebeln** putzen. Tomaten und Lauchzwiebeln grob hacken. Beides mit **50 ml Olivenöl, 50 ml Sonnenblumenöl, 1 TL mittelscharfem Senf, 2-3 EL hellem Balsamicoessig** und **1 TL Zucker** cremig pürieren.

2 Das Dressing mit **Salz** und **Pfeffer** würzen. In eine verschließbare Flasche füllen. Gekühlt ist das Dressing ca. 4 Tage haltbar.

Zubereitung ca. 15 Minuten
Pro Portion ca. 129 kcal, 0 g E, 13 g F, 3 g KH

15

DAS PASST

Kartoffel- und Nudelsalate lieben dieses fruchtige, leicht scharfe Dressing.

2 JOGHURT-DRESSING *mit grüner Chili*

FÜR CA. 300 ML (8 PORTIONEN)

1 Zunächst **1 Bio-Zitrone** heiß waschen und trocken reiben. ½ TL Zitronenschale fein abreiben. 1-2 EL Saft auspressen. **1 grüne Chili** längs halbieren, die Kerne entfernen und die Chili fein hacken.

2 Zitronenschale, -saft und Chili mit **100 g griechischem Joghurt** (10 % Fett), **100 g Naturjoghurt** (3,5 % Fett) und **3 EL Olivenöl** cremig pürieren. Das Dressing mit **Salz** und **Pfeffer** würzen. In eine verschließbare Flasche füllen. Gekühlt ist das Dressing ca. 4 Tage haltbar.

Zubereitung ca. 10 Minuten
Pro Portion ca. 66 kcal, 1 g E, 6 g F, 1 g KH

10

DAS PASST

Das Joghurt-Dressing ist der Klassiker für Blatt-, Gurken- oder Kartoffelsalat. Toll schmeckt es aber auch zu gegrilltem Gemüse.

3 KRÄUTER-DRESSING *mit Honig*

FÜR CA. 300 ML (8 PORTIONEN)

1 Zunächst **1 Knoblauchzehe** schälen und fein hacken. **1 TL Rosmarinnadeln, 1 Handvoll Basilikumblätter, 1 Handvoll Petersilienblätter** und **½ Bund Schnittlauch** fein hacken.

2 Knoblauch und Kräuter mit **2 EL mittelscharfem Senf, 2 EL Rotweinessig, 2 EL Honig, 100 ml Olivenöl** und **80 ml Sonnenblumenöl** cremig pürieren. Das Dressing mit **Salz** und **Pfeffer** würzen. In eine verschließbare Flasche füllen. Gekühlt ist das Dressing ca. 4 Tage haltbar.

Zubereitung ca. 15 Minuten
Pro Portion ca. 222 kcal, 1 g E, 23 g F, 4 g KH

15

DAS PASST

Die Kräuternote des Dressings harmoniert besonders gut mit stärkehaltigen Salaten mit Kartoffeln, Kürbis oder Nudeln.

1
2
3

1
2
3

1 WALNUSS-MIX *mit Cranberries*

FÜR 250 G (8 PORTIONEN)

1 Zunächst **125 g Walnüsse** grob hacken, in einer Pfanne ohne Öl goldbraun anrösten, herausnehmen und abkühlen lassen. **1 Bio-Limette** heiß waschen, trocken reiben, mit dem Sparschäler 2 Streifen Schale abziehen und klein schneiden.

2 Walnüsse und Limettenschale mit **125 g getrockneten Cranberries** vermischen. Zur Aufbewahrung in verschließbare Gläser füllen. Der Mix ist ca. 2 Wochen haltbar.

Zubereitung ca. 10 Minuten
Pro Portion ca. 162 kcal, 3 g E, 10 g F, 2 g KH

10

DAS PASST

Pro Portion ca. 2 EL Walnuss-Mix ca. 5 Minuten vor Ende der Garzeit zu Reis, Couscous oder Linsen geben und untermischen. Passt auch hervorragend über Bowls, etwa der Zucchini-Bowl mit Kichererbsen und Möhren-Hummus auf Seite 88.

2 ERDNUSS-MIX *mit Röstzwiebeln*

FÜR 250 G (8 PORTIONEN)

1 Zunächst **175 g Erdnüsse** grob hacken, in einer Pfanne ohne Öl goldbraun anrösten, herausnehmen und abkühlen lassen. Anschließend mit **1 TL Chiliflocken, 75 g Röstzwiebeln** (aus der Packung) und **1 EL Kreuzkümmel** mischen. Zur Aufbewahrung in verschließbare Gläser füllen. Der Mix ist ca. 1 ½ Wochen haltbar.

Zubereitung ca. 10 Minuten
Pro Portion ca. 167 kcal, 7 g E, 15 g F, 3 g KH

10

DAS PASST

Pro Portion ca. 2 EL Erdnuss-Mix ca. 5 Minuten vor Ende der Garzeit zu Reis, Couscous oder Linsen geben und untermischen. Der Mix passt auch super zu Salat, z. B. zum Kürbis-Reissalat mit Granatapfel auf Seite 80.

3 PISTAZIEN-MIX *mit Aprikosen*

FÜR 250 G (8 PORTIONEN)

1 Zunächst **125 g getrocknete Aprikosen** klein schneiden. **100 g geschälte Pistazien** grob hacken. Aprikosen und Pistazien mit **2 EL Kokosflocken, 2 TL Currypulver** und **1 TL Garam Masala** gut vermischen. Zur Aufbewahrung in verschließbare Gläser füllen. Der Mix ist ca. 2 Wochen lang haltbar.

Zubereitung ca. 10 Minuten
Pro Portion ca. 167 kcal, 5 g E, 10 g F, 13 g KH

10

DAS PASST

Pro Portion ca. 2 EL Pistazien-Mix ca. 5 Minuten vor Ende der Garzeit zu Reis, Couscous oder Linsen geben und untermischen. Schmeckt auch sehr gut über dem Linsensalat mit dicken Bohnen auf Seite 84.

1 CASHEW-MIX
mit rosa Pfeffer

FÜR 250 G (8 PORTIONEN)

1 Zunächst **150 g Cashewkerne** grob hacken, in einer Pfanne ohne zusätzliches Öl goldbraun anrösten, herausnehmen und abkühlen lassen. **1 Bio-Zitrone** heiß waschen und trocken reiben. Mit dem Sparschäler 2 Streifen Schale abziehen und in feine Streifen schneiden. **100 g getrocknete Feigen** klein schneiden.

2 Die Cashewkerne, die Zitronenschale und die Feigen mit **1 EL rosa Pfeffer** vermengen. Zur Aufbewahrung in verschließbare Gläser füllen. Der Mix ist ca. 2 Wochen haltbar. Vor Verwendung des Cashew-Mixes noch ca. **½ EL gehackte Dillspitzen** unterheben.

Zubereitung ca. 10 Minuten
Pro Portion ca. 144 kcal, 4 g E, 8 g F, 13 g KH

10

DAS PASST

Pro Portion ca. 2 EL Cashew-Mix ca. 5 Minuten vor Ende der Garzeit zu Reis, Couscous oder Linsen geben und untermischen. Der Mix ergibt auch eine völlig neue Geschmackskombi mit der Grünkohl-Kürbis-Pasta auf Seite 107.

2 MANDEL-MIX
mit Rosinen

FÜR 250 G (8 PORTIONEN)

1 Zunächst **100 g ganze Mandeln** (ohne Schale) und **100 g Haselnüsse** grob hacken und in einer Pfanne ohne zusätzliches Öl anrösten, herausnehmen und abkühlen lassen.

2 Danach mit **50 g Rosinen** und **1 TL Chiliflocken** vermengen. Zur Aufbewahrung in verschließbare Gläser füllen. Der Mix ist ca. 2 Wochen haltbar. Vor Verwendung des Mandel-Mixes noch **½ EL frisch gehackte Rosmarinnadeln** untermischen.

Zubereitung ca. 10 Minuten
Pro Portion ca. 186 kcal, 4 g E, 14 g F, 9 g KH

10

DAS PASST

Pro Portion ca. 2 EL Mandel-Mix ca. 5 Minuten vor Ende der Garzeit zu Reis, Couscous oder Linsen geben und untermischen. Richtig lecker ist der Mix auch über Aufläufen, etwa dem Sellerie-Auflauf mit Halloumi auf Seite 129.

3 MACADAMIA-MIX
mit getrockneten Kirschen

FÜR 250 G (8 PORTIONEN)

1 Zunächst **150 g Macadamianüsse** grob hacken, in einer Pfanne ohne Öl goldbraun anrösten, herausnehmen und abkühlen lassen. **1 Bio-Orange** heiß waschen und trocken reiben. Mit dem Sparschäler 2 Streifen Schale abziehen und in dünne Streifen schneiden.

2 Macadamianüsse und Orangenschale mit **100 g getrockneten Kirschen** und **2 EL Sesam** vermengen. Zur Aufbewahrung in verschließbare Gläser füllen. Der Mix ist ca. 3 Wochen haltbar.

Zubereitung ca. 10 Minuten
Pro Portion ca. 199 kcal, 2 g E, 15 g F, 2 g KH

10

DAS PASST

Pro Portion ca. 2 EL Macadamia-Mix ca. 5 Minuten vor Ende der Garzeit zu Reis, Couscous oder Linsen geben und untermischen. Großartiges Topping für Salate, z. B. für den Süßkartoffelsalat mit Parmesan-Dressing auf Seite 73.

1
2
3

REGISTER

A

B

C

D

E

Q

R

S

T

W

Z

IMPRESSUM

Verlag & Herausgeber

EDEKA Verlagsgesellschaft mbH
New-York-Ring 6, 22297 Hamburg
Geschäftsführung Markus Mosa, Rolf Lange
Gesamtleitung Nico Schiller-Claussen
Projektmanagement Femke Hansen, Carolin Vosberg
www.edeka.de

Redaktion & Gestaltung

C3 Creative Code and Content GmbH
Redaktion Götz Poggensee
Text Jenna Busanny, Stefanie Nickel, Elena Rudolph, Stefanie Wilke
Lektorat Helmut Hillger, Michael Meyer
Projektmanagement Roman Golda, Nicole Stecher
Fotografie Silke Zander
Foodstyling und Rezeptentwicklung Adam Koor
Styling Anka Rehbock
Illustration Nadine Gibler
Art Direction Anna Hönig, Jessica Winter
Bildredaktion Judith Klaus
Lithografie Giesick | Medien Produktion
Zusätzliche Fotos: Anke Politt/Maren Jahnke/Anka Rehbock (Seite: 51), Janne Peters/Adam Koor/Miriam Geyer (Seite: 22, 31, 37, 54, 119, 131, 149), Laura Muthesius/Nora Eisermann (Titel, Seite: 23, 34, 67, 76, 80, 81, 83, 92, 93, 105, 106, 111, 116, 121, 150, 151, 160, 166, 175), Studio Seiffe (Seite: 117), Thorsten Suedfels/Adam Koor/Krisztina Zombori (Seite: 170, 171), Thorsten Suedfels/Adam Koor/Miriam Geyer (Seite: 38), Thorsten Suedfels/Pia Westermann/Krisztina Zombori (Seite: 32, 39, 49, 85, 89, 90, 120, 134, 135)

Druck & Verarbeitung

Mohn Media Mohndruck GmbH
Carl-Bertelsmann-Str. 161 M
33311 Gütersloh

ISBN 978-3-9818005-4-8
1. Auflage 2019

MIX
Papier aus verantwortungsvollen Quellen
FSC® C011124
www.fsc.org

Auch erschienen

Grillen – Das Buch
200 Seiten
14,95 € [D] | 15,30 € [A]
ISBN: 978-3-00-047840-6

Selbstgemacht – Das Buch
200 Seiten
14,95 € [D] | 15,30 € [A]
ISBN: 978-3-9818005-1-7

COOK BOOM BÄM – Das Familienkochbuch
200 Seiten
14,95 € [D] | 15,30 € [A]
ISBN: 978-3-9818005-2-4

Backen – Das Buch
200 Seiten
14,95 € [D] | 15,30 € [A]
ISBN: 978-3-9818005-3-1